Alles wird erkannt sobald es dem Licht ausgesetzt wird und was immer dem Licht ausgesetzt wird, wird selber zu Licht.

Apostel Paulus

Wer das Licht versteht, versteht Heilung. Wer sich durch das Licht erleuchten lässt, versteht Gott.

Amara Yachour

Dieses Buch widme ich allen Menschen, die auf der Suche nach Ihrem Lebensweg und Ihrer Berufung sind. Menschen, die sich nicht scheuen andere Wege zu gehen, um andere Ergebnisse zu erzielen.

Vorwort von Amara Yachour

Seit vielen Jahren gebe ich nun mediale Ausbildungen und dieses Buch hätte nicht geschrieben werden können ohne die Erfahrungen, die meine Schüler in den Seminaren und im Akasha-Fernstudium mit mir geteilt haben.

Wir sind gemeinsam experimentelle Wege gegangen und haben vorhandenes Wissen hinterfragt und sind so Schritt für Schritt weiter gekommen. Darüber hinaus haben wir in unzähligen Stunden die geistige Welt gebeten, uns etwas über die Art und Weise zu erzählen, wie diese Übertragung an Wissen aus der Akasha-Chronik über ein Medium funktioniert und wie immer hat sie uns nicht im Stich gelassen. Daraus ist ein umfangreiches Fernstudium mit vielen Videos, Übungen, Audios, Meditationen und mehr als 300 Seiten Text entstanden. Dieses Buch erzählt von einem Teil daraus.

Dieses Buch hilft Ihnen, die Funktionsweise der Akasha- Chronik besser zu verstehen und gibt Ihnen einen tiefen Einblick, was die Chronik wirklich ist und was sie nicht ist.

Wenn Menschen verstehen, dass dieses Feld ein Feld der Liebe und Heilung ist, dann werden Wunder möglich.

Also gehen Sie mit mir auf eine Reise in das Buch der Schöpfung und Evolution der Menschheit und beginnen Sie zu verstehen, wer Sie wirklich sind.

Sind Sie bereit?

Mit den besten Wünschen aus dem Norden Deutschlands.

Amara Yachour

Amara Yachour

Die Akasha- Chroniken

Das Feld der Liebe und Heilung

© 2015 Amara Yachour
Erste Auflage

Herausgeber: Amara Yachour
Autor: Amara Yachour
Umschlaggestaltung, Illustration:
www.myprintdesign.tk
Lektorat, Korrektorat:
Sonja Bigus und Ingolf Palarz

ISBN: 978-3-943878-22-6 (Paperback)

Verlag: salutano Verlag, Todenbüttel
Printed in Germany

Das Werk, einschließlich seiner Teile, ist urheberrechtlich geschützt. Jede Verwertung ist ohne Zustimmung des Verlages und des Autors unzulässig. Dies gilt insbesondere für die elektronische oder sonstige Vervielfältigung, Übersetzung, Verbreitung und öffentliche Zugänglichmachung.

Bibliografische Information der Deutschen Nationalbibliothek:
Die Deutsche Nationalbibliothek verzeichnet diese Publikation in der Deutschen Nationalbibliografie; detaillierte bibliografische Daten sind im Internet über http://dnb.d-nb.de abrufbar.

Inhaltsverzeichnis

Vorwort von Amara Yachour 3

Was sind die Akasha- Chroniken? 11
Wortdefinition und Bedeutung 14
Akasha und das Bewusstsein des Menschen 22
Die menschliche Akasha 30
Die Frequenz Gottes- Rückkoppelung an die bedingungslose Liebe 34
Die Palmblatt- Bibliotheken 44
Berühmte Akasha- Medien 47

Grundlagen der Akasha- Chroniken 53
Die Ebenen der Akasha 56
Die hermetischen Gesetze und ihre Bedeutung für die Chroniken 59
Die aufgestiegenen Meister und die 12 Lichtaspekte 63
Die DNA und die Noetik 68
Lemurien und Atlantis 76
Reinkarnation 87
Das Karma 92
Der Seelenplan 97
Die geistige Welt 100
Heilige Geometrie 106
Numerologie 110
Mantren 115

Das Lesen in den Akasha- Chroniken 121
Medialität, Sensitivität, Übersinnlichkeit 125
Meditation 132
Das geistige Team 135
Channeling 139
Trance 144
Heilung 147
Astralreisen und luzide Träume 152

Das Feld der Liebe und Heilung **161**

Danksagung..179
Quellnachweis..186

Was sind die Akasha-Chroniken?

Was sind die Akasha-Chroniken?

Das Leben ist ein Fluss der Veränderung und jeder Tropfen spiegelt eine Entscheidung wieder, genau in diesem Moment an exakt dieser Stelle zu sein.

Amara Yachour

Die Akasha-Chronik und die Möglichkeit von dem allumfassenden Wissen zu schöpfen, dass in ihr schlummert, beschäftigt die Menschheit schon seit langer Zeit. Einige Menschen sprechen auch von einem Weltengedächtnis, einem Buch des Lebens oder der Akasha-Bibliothek. Doch was genau ist diese geheimnisvolle Bibliothek?

Die Akasha-Chroniken sind eine unendliche Quelle spirituellen, geistigen, körperlichen und emotionalen Wissens, denn sie sind eine Aufzeichnung der Evolution jedes Menschen, jedes Tieres und jedes Lebewesens, das jemals existiert hat und zwar seit Anbeginn der Schöpfung. Jede Handlung, jeder Gedanke, jedes Ereignis und jedes Wort, das jemals gesprochen wurde, wird hier für immer gespeichert. Viele Erleuchtete und Wissende aus allen Jahrhunderten vergleichen sie mit dem Geist Gottes, der die Vergangenheit, Gegenwart und Zukunft eines jeden Lebewesens im Universum umfasst. Gott ist das unendliche Bewusstsein, aus dessen Gedanken alles entstanden ist. Man kann vielleicht sogar so weit gehen, dass die Akasha die DNA, also das Erbgut des ganzen Kosmos ist und daher auch die Gesetze der Entwicklung, beinhaltet. Durch die Betrachtung der Akasha wird einem die unendliche Schöpfung erst bewusst.

Schon Einstein hat gesagt: „Keine Energie geht je verloren und in seiner Essenz ist alles letztendlich Lichtenergie".

Das bedeutet, dass Akasha ein riesiges, gigantisches Lichtvolumen hat, das sich ständig erweitert und mit jeder neuen Erkenntnis und mit jedem neuen Geschehen der Welt wächst. Somit ist die Akasha-Chronik auch unendlich in ihrer Ausdehnung, denn sie wird ununterbrochen erweitert und verändert. Sie beinhaltet jedes nur denkbare Wissen, den universellen Geist des kollektiven Unterbewussten. Akasha ist ein Lichtwesen ohne materiellen Körper.

Alles, was wir heute erforschen und entdecken, wurde bereits in der Akasha angelegt. Wir können nur Dinge entdecken, die bereits da sind. Also entdecken wir nicht wirklich etwas Neues, sondern wir erinnern uns nur. Wenn ein

Forscher plötzlich etwas „Neues", noch nie Dagewesenes entdeckt, könnte man das als einen unbewussten Zugriff auf die Akasha-Chroniken sehen. Sie enthalten Vergangenheit, Gegenwart und Zukunft eines jeden Menschen.

In vielen religiösen Schriften finden sich Hinweise auf Akasha. So ist im Buch Jesaja von einem Gedächtnis- Buch die Rede und das Buch Henoch spricht von „himmlischen Tafeln".

Nicht zuletzt sind die berühmten Palmblatt-Bibliotheken mit den Akasha- Chroniken heute noch auf unserer Erde zu finden. In ihnen sind der Lebensläufe aller Menschen festgehalten.

Wortdefinition und Bedeutung

*Im Anfang war das Wort und das Wort war
bei Gott
und das Wort war Gott.*

Johannesevangelium

Der Name Akasha stammt ursprünglich aus dem Sanskrit, einer altindischen Sprache, in der auch die Veden (die gesammelten grundlegenden Schriften des Hinduismus) geschrieben wurden. Der Begriff Akasha steht für den Himmel oder Äther. Äther gilt als fünftes Element aus der indischen Elementenlehre. Es ist eine organische Verbindung; das Material der Natur, mit dem Erde, Luft, Feuer und Wasser geschaffen werden. Im Ayurveda bedeutet es den *Zustand* des Äthers und definiert ihn hiermit ebenfalls als eins der fünf heiligen Elemente. In der griechischen Mythologie bezeichnet Äther die Personifizierung des „oberen Himmels". Also der höheren Ebenen.

Die Bezeichnung Akasha- Chronik wurde ursprünglich bei dem Priester, Theosophen und Okkultisten Charles W. Leadbeater (1854- 1934) entdeckt. Seit 1916 war er Bischof der Liberalkatholischen Kirche. In ihrer Begrifflichkeit war über die Akasha- Chroniken in seiner Schrift „Clairvoyance" zu lesen, was so viel bedeutet wie Astralprojektionen oder Astralvisionen. So waren Zugriffe auf das Weltengedächtnis möglich.

Die Chroniken bestehen aus dem subatomaren Energiefeld von Quanten-Teilchen und Wellen der Informationen, die alles durchströmen. Sie werden genährt von mentalen Energien und verbleiben für immer in ihnen. Die fundamentalen Elemente dieser Erde sind das Gedankengut eines Jeden, der jemals gelebt hat. Sobald irgendein Geist eine Idee geschaffen hat, bleibt diese für immer bestehen.

Um Akasha zu verstehen und darin lesen zu können, müssen wir verstehen, wie Energie funktioniert. Unsere Welt ist niemals ohne Energie, sie besteht aus ihr. Alles ist letztendlich Energie. Energien, die sich in unterschiedlichen Dimensionen, Feldern oder Frequenzen darstellen. Manche davon sind für uns greifbar und sichtbar, wie Möbel, Menschen und die Natur. Der einzige Unterschied ist der Grad der Vibration und der Dichte.

Man kann sich also vorstellen, dass Felder von einer sehr hohen Dichte auch ein „Mehr" an Information tragen, daher sind diese auch leichter ansteuerbar und lesbar. Die Information kommt uns sozusagen geballt entgegen.

Wenn wir uns also mental auf die Suche danach machen, dann sind Informationen größerer Dichte besser lesbar. Da Akasha ein Echtzeitphänomen ist, bedeutet dies, dass die Informationen sich, bezogen auf die Dichte, auch laufend verändern. Erkenntnisse, die aus den Chroniken zu beziehen sind, sind also auch immer Momentaufnahmen. Allein die Tatsache, dass Sie gerade dieses Buch lesen und sich Gedanken dazu machen, ergänzt und verändert ihre eigenen Einträge in der Akasha. Trotzdem und vielleicht gerade deshalb, bieten sie einen fantastischen Wissensschatz, und zwar durch alle Epochen der Menschheit. Auch der Zukünftigen. Wer in der Lage ist, dieses Wissen herauszulesen und für den Moment auf die eigene Lebenssituation zu beziehen, ist auch in der Lage, seine Zukunft aktiv zu gestalten und in eine positive Richtung zu lenken. Oder auch einen Klienten dazu zu verhelfen, seine Zukunft in die eigene Hand zu nehmen.

Der britische Biologe Rupert Sheldrake, sprach 1973 von den sogenannten morphischen bzw. morphogenetischen Feldern. Veröffentlicht hatte er seine Hypothese 1981 mit seinem Buch „A New Science of Life". Er studierte in Cambridge Naturwissenschaften und in Harvard Philosophie. An der Universität Cambridge promovierte er in Biochemie.

Im Clare College war er Forschungsleiter für Biochemie und Zellbiologie. Er erforschte Pflanzen des Regenwaldes an der Universität von Malayia. Danach arbeitete er an Projekten, die die Erforschung der Entwicklung von Pflanzen und der Zellalterung zum Inhalt hatten. Zurzeit lehrt er am Institute of Noetic Science in Kalifornien.

Mit der Bezeichnung morphisches Feld meinte er eine Art universelles, nicht sichtbares Feld, das sowohl auf biologische als auch auf physikalische, chemische und gesellschaftliche Prozesse formgebend wirkt. Mittlerweile weiß man, dass diese Felder tatsächlich existieren und zwar überall und in jeder denkbaren Größe.

Es sind Informationsfelder, die aus Millionen von unterschiedlichen Schwingungen bestehen und in Resonanz zu uns gehen können. Sheldrake hat es das Gedächtnis der Natur bzw. der Schöpfung genannt.

Die kleinste Einheit im menschlichen Organismus ist die Zelle. In den Kraftwerken jeder einzelnen Zelle, den Mitochondrien, wird Nahrung in Energie umgewandelt. Eine der neuesten Theorien ist, dass ein nicht sichtbarer Bestandteil dieser Mitochondrien ein Quantenteilchen ist, das wiederum in Resonanz zu einer Information schwingt. Wir bestehen aus einer Vielzahl von Zellen, die alle letztendlich ursprünglich reine Informationsschwingung sind. Wir, als dreidimensionaler Mensch, sind nur die sichtbar gewordene und strukturierte Schwingung. Damit schließen sich viele kleine Einzelfelder zu einem morphischen Feld Mensch zusammen. Dieses Feld ist in uns und um uns herum. Jedes Lebewesen hat ein eigenes und darin sind Abdrücke, sogenannte Imprints, zu finden. Diese Imprints sind durch unsere Hellsinne zu erkennen und geben Aufschluss über die momentane Verfassung des Menschen. Auf allen Ebenen.

Es gibt Felder, die die Schwingung der Familienstruktur tragen, der Länder und nicht zuletzt ein Feld des gesamten Universums, wie wir es in seiner heutigen Ausdehnung kennen.

Alle diese Felder sind Schwingung und stehen miteinander in Resonanz, sind miteinander verschränkt wie die Quantenphysiker sagen. Hier herrscht ein ständiger Zu- und Abfluss von Informationen. Dieses Feld ist also sehr lebendig. Auf die Akasha- Chroniken bezogen bedeutet dies, dass jeder Mensch mit ihnen in Resonanz also in eine „Gleichschwingung" gehen kann, so dass es möglich ist, Informationen aus diesem Feld zu „lesen" und für sich und andere Menschen zu nutzen.

Jetzt könnte man sich fragen: „Aber welchen Nutzen hat das alles nun konkret für mich?"

Kommt es vor, dass Sie in bestimmten Situationen in Ihrem Leben nie genau wissen, wie Sie sich verhalten sollen? Immer wieder geraten Sie an Punkte, an denen Sie sich blockiert fühlen, keine Idee haben und unsicher sind, was Sie tun können um möglichst gut aus der momentanen Lage wieder herauszukommen? Oder haben Sie schon lange das Gefühl, dass in Ihnen irgendetwas fehlt und Sie es aber nicht benennen können? Vielleicht glauben Sie, dass in Ihnen Fähigkeiten und Möglichkeiten schlummern, Sie aber nicht wissen, welche es sind und wie diese zum Vorschein kommen können? Das Lesen in den Chroniken bietet eine fantastische Perspektive um diesen Fragen auf die Schliche zu kommen. Es geht also immer darum, Antworten auf die Fragen der Seele zu bekommen. Fragen, durch deren Beantwortung, die Seele bei der Bewältigung der Lebensaufgaben, Unterstützung und Weiterentwicklung erfährt.

Vielleicht ist es ein Schwur, den Sie in einem Ihrer früheren Leben abgelegt haben, der also karmisch ist. Und nun sorgt er dafür, dass Sie in Ihrem jetzigen Leben nicht vorankommen. Sie können in der Akasha genau erfassen, was zu diesem Umstand geführt hat, wie er entstanden ist und auch, wie er wieder aufgelöst werden kann.

Der Zugriff auf die Akasha-Chroniken ermöglicht eine Heilung auch innerhalb der Ahnenkette und somit kann wieder die Entwicklung der Seele vorangetrieben werden. Sie bestimmen Ihre Balance für Ihr Leben selbst. Da die Chroniken zu jedem Zeitpunkt mit jeder Interaktion, mit jedem Gedanken und mit jeder Tat aktualisiert werden, sind Sie letztlich also auch selbst für Ihren eigenen karmischen Ausgleich verantwortlich. In den Chroniken zu lesen gibt uns Verantwortung auf der menschlichen, aber auch auf der göttlichen Ebene.

Sie werden Ihnen einen vollständigen Einblick in die Konsequenzen all Ihrer zukünftigen Entscheidungen geben, die nicht nur Einfluss auf Ihr eigenes Leben sondern auch auf das Ihrer Mitmenschen haben.

Sie werden in der Lage sein, jede Möglichkeit Ihrer Zukunft zu visualisieren, bevor Sie die Entscheidung fällen. Das hilft Ihnen, durch bessere Entscheidungen, ein für Sie erfüllteres Leben zu führen.

Wenn Sie eine Erklärung für ein Verhaltensmuster oder für eine wiederkehrende Problematik benötigen, können Sie die Akasha-Chronik als Hilfsmittel nutzen. Mit ihrer Hilfe können Sie tief in die Gefilde Ihrer ehemaligen Leben eintauchen und eine Verbindung zu dem Vorausgegangenen herstellen. Erst wenn Ihnen bewusst wird, inwieweit ein Zusammenhang Ihres jetzigen Daseins zur Vergangenheit besteht, haben Sie die Möglichkeit, eine Lösung für Ihr Problem zu finden.

Seien Sie sich bewusst, dass nichts im Universum im Bereich des Zufälligen geschieht, denn alles was jetzt gesät wird, trägt in der Zukunft Früchte. Es können sowohl positive Früchte in Form von Freude und negative Früchte in Form von Kummer geerntet werden. Das heißt, dass sich dadurch Ihr Karma-Konto in Form von Soll-Belastung oder in Guthaben zu Ihren Gunsten auswirkt. Folglich kann das Lesen in den Chroniken für sich selbst eine unglaubliche Veränderung in der Lebensführung bedeuten. Aber auch das Lesen für andere Menschen ist möglich und ebenso berührend wie chancenreich.

Akasha und das Bewusstsein des Menschen

Je weniger uns ein Gedanke oder ein Gefühl bewusst ist,
desto stärker werden wir von ihm beherrscht.

Safi Nidiaye

Für ein genaueres Verständnis des Akasha-Feldes, müssen wir wissen, wie Informationen abgespeichert werden.

Unser Gehirn speichert täglich eine Unmenge an Informationen. Um das zu ermöglichen, überziehen Synapsen wie ein gigantisches Netzwerk das Gehirn. Die Synapse ist die Stelle, wo eine Übertragung einer Information von einer Zelle zur nächsten stattfindet. Jede Zelle ist über viele Synapsen mit anderen Zellen verbunden. Über Botenstoffe findet also ein ununterbrochener Austausch zwischen den verschiedenen Zellen im Gehirn statt. Die geschätzte Anzahl an Synapsen liegt bei ca. einer Billiarde.

Jedes Mal, wenn wir Informationen abspeichern wollen, verändern sich diese Synapsen. Wenn wir nun die Informationen nicht in einem begrenzten, temporären Speicher ablegen, sondern ins Langzeitgedächtnis überführen wollen, müssen wir die Synapsen dauerhaft verändern. Dies funktioniert über sogenannte „tags". Der Zellkern schüttet dazu Proteine aus. Man kennt diesen Vorgang unter dem Begriff Transkription. Ein „tag" ist so etwas wie ein Textmarker, der an der betreffenden Stelle der Synapsen auf sich aufmerksam macht. So wirken die Proteine eben an genau diesen Stellen.

Stellen Sie sich vor, sie wollen bewusst Lernstoff behalten. In dem Moment wo Sie lernen, versehen Sie automatisch das Gelernte mit einem Fähnchen, einem „tag". Dadurch erregt die Information Aufmerksamkeit an der richtigen Einheit und wird dann in das entsprechende Areal weitergleitet.

Signale bzw. Informationen, die dieses Fähnchen (tag) nicht erhalten, werden von uns nur temporär gespeichert oder sogar vergessen, um die Ressourcen und Speicherkapazitäten des Gehirns zu schonen. Je nach „tagging" wandert eine Information entweder ins Langzeit- oder ins Kurzzeitgedächtnis oder wird sogar vergessen.

Dabei kann das Gehirn diese Informationen auch koppeln. Man kann sich beispielsweise an ein Geschehen erinnern, sieht gleichzeitig den Ort, an dem es passierte vor sich und dann steigt das Gefühl der damaligen Situation in uns hoch. Also gibt es hier noch weitaus komplexere Vernetzungen, als uns bewusst ist. Im Prinzip versehen wir diese Signale mit einem Code, der diese dann aus den unterschiedlichen Arealen wieder zusammenführt und uns dann im Bewusstsein zur Verfügung gestellt wird.

Dies sind wissenschaftliche Erkenntnisse und werden sogar im Marketing, vor allen Dingen bei fortgeschrittenen Mailrespondern benutzt, um den Kunden zu erfassen. Man „tagt" den Kunden, wenn er sich irgendwo anmeldet, weil er vielleicht über ein bestimmtes Interessengebiet hereingekommen ist. Zwei Wochen später, fordert der Kunde aus einem anderen Interessengebiet etwas an und erhält ein neues Fähnchen. Das System weiß aber, dass es der gleiche Kunde ist und führt die Information nun zusammen. Kunde Schmidt interessiert sich für den Bereich A und B, also erhält Kunde Schmidt auch nur Angebote aus diesen Bereichen.

Was hat dies nun mit Akasha zu tun? Bisher haben wir von der Speicherkapazität des menschlichen Gehirns gesprochen. Was aber ist wenn wir sterben? Nun, alles ist Energie. Im sichtbaren, so im unsichtbaren Bereich.

Jede Information ist Schwingung und resoniert über die bestimmte Frequenz (tag) mit der kosmischen Einheit, in der die Information abgespeichert ist. Wir werden also wieder zu einer

Welle, wenn wir den Partikelzustand verlassen (Materie).

Es funktioniert also genauso, nur in einem größeren kosmischen Maßstab, in dem es ja keinen Raum mehr gibt und damit keine Materie wie ein Gehirn, wo nun diese Informationen abgespeichert werden.

Natürlich kann dies niemand beweisen, doch es gibt Erfahrungswerte und ich kann hier nur aus meiner eigenen Erfahrung sprechen.

Mit 31 Jahren hatte ich durch eine Lungenembolie eine Nahtoderfahrung. Als ich tot war, fiel mir sofort auf, dass ich denken konnte. Ich habe mich damals wirklich gefragt: „Warum kannst du denken, wenn du doch tot bist und Dein Gehirn keine Signale mehr aussendet?"

Interessanterweise wusste ich nicht nur alles aus meinem Leben, sondern es war noch wirklich jede kleinste Einzelheit vorhanden und abrufbar. Das wäre mir im lebendigen Zustand so nicht möglich gewesen, mich in einer dermaßen Exaktheit zu erinnern.

Darüber hinaus war nicht nur dieses Wissen da, sondern auch Wissen aus anderen Inkarnationen und Wissen aus kollektiven Dingen der Menschheit. Für jemanden wie mich, der gerne forscht und auch gerne in paranormale oder irrationale Felder vordringt, um das Unbekannte erfahrbar zu machen, war dies eine Offenbarung.

Ich kam zu der Erkenntnis, dass es noch einen außerkörperlichen Mechanismus geben muss, der von allen Lebewesen ausgesandt wird und das ist die Frequenz oder der Geist, je nachdem aus welcher Perspektive wir dies betrachten.

Da wir selbst gigantische Empfangs- und Sendeantennen sind, senden wir ständig bewusst und unbewusst Frequenzen aus und das seit Anbeginn der Schöpfung. Niemals geht eine Frequenz verloren. Gleiche Frequenzen überlagern und verdichten sich und koppeln daher auch wieder zurück.

Daher ist Akasha wie ein lebendiger, sich ständig in Echtzeit erneuernder Organismus zu sehen, der gleichzeitig Empfangs – und Sendestation ist und auf uns zurückstrahlt. Dies geschieht durch elektromagnetische Wellen, und wenn diese Frequenzen oft genug und immer schneller wiederholt werden, verdichtet sich diese Information (Welle) und wird zum Teilchen (Materie). So wird das Universum von uns erschaffen und so erschaffen wir unseren Alltag. Jeden Tag aufs Neue.

Bisher ist der Fokus der Menschheit eindeutig auf Mangel ausgerichtet, was ein Blick in die

Printmedien und Fernsehlandschaft verdeutlicht. Wir werden bombardiert mit negativen Informationen, in immer schnellerer Folge (Bildrate). Dazu kommen das Radioprogramm und die Schlagzeilen in der Zeitung und die Nachrichten die aufpoppen, wenn wir den PC anschalten. Eine bewusste Selbstauswahl ist nicht mehr möglich. Dass dies so stimmt, kann man schnell überprüfen.

Schreiben Sie innerhalb drei Minuten die zehn schlimmsten Erlebnisse Ihres Lebens auf und danach die drei besten Erlebnisse. Sie werden feststellen, dass Ersteres einfacher ist. Das ist also unser Speicherverhalten. Darauf sind wir konditioniert. Um also die Rückkopplungen aus dem kollektiven Feld- und das kollektive Feld ist ein Teil von Akasha- umzuschreiben, brauchen wir eine neue Disziplin des Geistes.

Uns anstelle ständigen Detoxprogrammen und Fastenkuren und selbstverordneten Diäten (man beachte, dass sich die Zahlungen der Politiker an sich selbst Diäten nennen, da das Volk dafür hungern und verzichten muss) auszusetzen, wäre es wichtig, sich einer Informationsdiät als Akasha-Medium zu unterziehen. Man sollte hier wirklich in die Eigenverantwortung gehen und selbst selektieren, was abgespeichert werden soll, da all dies über uns auch in die Chroniken eingeht. Nur so können wir als Menschheit langsam darauf hinarbeiten, dass wir in Zukunft eher positiv und selektiv abspeichern.

Wir müssen ja auch bedenken, dass unser Unterbewusstsein 24 Stunden aktiv ist und ohne Unterlass Informationen eingegeben werden, selbst wenn wir beim Fernsehen einschlafen.

Wenn wir als Medium in die Akasha gehen und für uns selbst lesen, ist es daher im Moment noch viel leichter, negative Ereignisse herauszulesen als positive. Negative Ereignisse sind ja auch mit einem eindeutigen Gefühl gekoppelt, das dadurch auch sofort abrufbar ist, sowohl für ein Medium als auch für Sie selbst.

Übung:

1. Denken Sie an das schlimmste Ereignis in Ihrem Leben und achten Sie darauf, was gefühlsmäßig passiert. Sie werden fast sofort (eine kleine Verzögerung ist da) die damit verbundene negative Emotion spüren und das sogar auf körperlicher Ebene. Das ist purer Stress, der Ihren Körper überzieht und das passiert ständig beim Nachrichtensehen.

2. Denken Sie nun an das beste Ereignis oder den freudigsten Moment in Ihrem Leben und Sie verspüren auch hier die damit verbundene Emotion. Es dauert ein wenig bis sich Ihr Körper ent-

spannt und sich ein breites Lächeln auf Ihrem Gesicht breit macht. Versuchen Sie hier achtsamer zu werden und negative Ereignisse erst gar nicht mehr abzuspeichern. Bewerten Sie diese als Erfahrung. Ziehen Sie ihr Fazit daraus und gehen Sie in Ihrem Leben positiv weiter.

So wird sich für alle das Akashafeld eindeutig zum Positiven verändern. Je mehr Menschen hier mitmachen, desto besser und schneller werden diese neuen Frequenzen abgespeichert und desto schneller wird eine neue Realität entstehen, die wiederum auf uns rückkoppelt.

Das ist Akasha in Echtzeit, Interaktion über das Bewusstsein der Menschen.

Die menschliche Akasha

Man kann einen Menschen nichts lehren, man kann ihm nur helfen, sich selbst zu entdecken.

Galileo Galilei

Die herkömmliche Vorstellung in den Akasha- Chroniken zu lesen, setzt voraus, dass in Dreidimensionalität und Linearität gedacht wird, mit Bezug auf die Zeit als Größe. Wir reden also hier von einem vierdimensionalen Raum. Vergangenheit, Gegenwart, Zukunft sind dabei nur eine wählbare Größe. Informationen, an die man beim Lesen gelangen möchte, sind nach Zeit und Raum geordnet. Wenn man aber vom Konzept der Multidimensionalität ausgeht, ist die Linearität aufgehoben. Akasha ist nun nicht mehr außerhalb von uns. Sie ist nicht mehr irgendwo „dort oben" und wir brauchen nur in bestimmten Zeitschubladen nach Ereignissen suchen.

Akasha ist in uns. Sie ist ein menschliches Attribut. Sie sitzt aber nicht in irgendeinem Organ. Sie ist nicht in unserem Gehirn, unserem Denkapparat, zu finden, von wo aus sie Erinnerungen aus all unseren Vorleben abrufen kann. Zum

Beispiel durch Rückführungen. Akasha ist nicht nur ein großer Erinnerungsspeicher. Akasha ist wesentlich mehr.

Die menschliche Akasha ist in unserer DNA. Sie steht von dort aus in Interaktion mit unserem Gehirn. Sie sendet Botschaften in Form eines emotionalen Konzeptes. Wir sind also in einem ständigen Austausch mit Akasha, ohne es bewusst zu bemerken.

Sie tut dies in Form von Induktivität. Der Begriff ist aus der Elektronik bekannt. Auf unser Thema bezogen ist damit gemeint, dass mehrdimensionale Felder sich gegenseitig überlappen und durch die Überlappung ein Austausch stattfinden kann. Diese Felder sind auch um unsere DNA. Wie bereits erwähnt, übermittelt uns Akasha nicht einfach Erinnerungen sondern die Emotionen, die wir mit bestimmten Erfahrungen in Zusammenhang bringen. Einige sagen, dass sogenannte „Akasha- Treiber" dafür verantwortlich sind und sie gründen sich auf unsere Überlebensinstinkte und Urängste. Sie sollen uns antreiben zu handeln oder eben manchmal auch zu erstarren, also nicht zu handeln. Je nach dem, worum es gerade geht. Manchmal sollten wir nicht handeln.

Zum Beispiel einen bestimmten Ort nicht aufsuchen oder einen bestimmten Menschen nicht treffen. Oder auch irgendetwas lieber nicht machen. Dann sind die Chancen eventuell größer, von einem Unglück verschont zu bleiben. Es sind die vergangenen Erfahrungen, die sich in unsere menschliche Akasha eingeschrieben haben.

Wie in der vorherigen Übung schon angemerkt, sind die negativen Ereignisse aus unserem Leben, einschließlich unserer Vorleben, eingeprägter als die positiven Aspekte. Darum sind unsere Akasha- Treiber zum größeren Teil negativen Ursprungs. Und ganz nach dem Gesetz der Resonanz verursachen wir, bezieht man es auf die gesamte Menschheit, auch immer wieder negative Ausrichtungen und Ereignisse. Dabei ist unsere Emotion eine treibende Kraft. Emotion bedeutet Energie in Bewegung. Die Emotion bewirkt in unserem Körper eine Auslösung von biochemischen Prozessen, die uns entweder antreiben oder erstarren lassen.

Wäre es nicht fantastisch, wenn wir in der Lage wären, ausschließlich die positiven Aspekte unserer Akasha zu bemerken und danach zu handeln? Dann würden wir auch mit positiven Energien in Resonanz gehen und diese in unserer Lebenswelt materialisieren können. So wiederum, wird Akasha in unserer DNA mit liebevollen, respektvollen, wertschätzenden und demütigen Informationen angereichert. Das wäre Heilung für alle.

Wir sollten aufhören, uns als Opfer von unseren Lebensumständen zu sehen und lieber daran arbeiten, was uns Akasha sagen will, wenn sie uns mit Emotionen fühlen lässt. Was können wir tun, um Unangenehmes in Angenehmes zu transformieren? Wie kann aus Mangel, Fülle werden? Wie kann aus Hass Liebe werden? Nur wenn wir dem Leben positiv begegnen, können wir Positives empfangen.

Vielleicht sagen Sie jetzt: „Die hat leicht reden", aber bedenken Sie, dass erst die Bewusstwerdung zu einer Neuausrichtung führt. Wir sind die Erschaffer unserer Realität. Unsere Gedanken formen unsere Lebenswelt.

Die Frequenz Gottes- Rückkoppelung an die bedingungslose Liebe

Wenn man Liebe nicht bedingungslos geben und nehmen kann, ist es keine Liebe, sondern ein Handel.

Emma Goldmann

Viele von Ihnen kennen den Film „Matrix" aus dem Kino und verstehen nun ein wenig mehr über die Manipulierbarkeit der Felder. Doch ist es wirklich so einfach?

Wenn das so wäre, könnte jeder Mensch, der eine sehr zielgerichtete Intention hat, das Akasha-Feld manipulieren und dadurch für immer die Erde oder sogar das Universum zerstören. Große, globale Konzerne haben den eigenen Profit, Gier nach Macht und Geld in ihrer Absicht und scheren sich nicht um die Konsequenzen Dennoch sind es oft die Kleinen, die die Großen zu Fall bringen. So wie einst David Goliath zu Fall gebracht hat.

Durch welche Macht existieren wir also immer noch, wenn der Mensch doch wahrlich genug Anstrengungen unternommen hat, um alles zu zerstören?

Ich möchte diese Macht gerne die Frequenz Gottes nennen. Menschen verwechseln oft das morphogenetische Feld mit dem Feld Gottes. Innerhalb des morphogenetischen Feldes können wir Menschendurch unsere Intention Materie erschaffen. Der Mensch als Schöpfer. Dies ist in der Matrix Gottes vorgesehen. Wir können alles erschaffen, aber nicht alles ist von Dauer. Die meisten Dinge, die wir Erschaffen, sind dem Verfall preisgegeben. Kurz nachdem etwas erschaffen wurde, beginnt bereits der Verfall. Nehmen wir als Beispiel ein Haus: Irgendwann steht es da. Prächtig anzuschauen und der ganze Stolz der Besitzer.

Doch genau ab diesem Momentbeginnt bereits der Verfall dieser Schöpfung. Doch je mehr Liebe der Besitzer hineinsteckt, desto länger wird dieses Haus das Raum-Zeit-Kontinuum überdauern. Auf der irdischen Ebene müssen also alle erschaffenen Objekte gepflegt werden, um lange zu halten. Dieses Gesetz ist in der Matrix verankert und unumstößlich. Das gilt sowohl für lebende und tote Materie, als auch für immaterielle Güter, wie die Liebe und Freundschaft.

Um Ihnen einmal ein Beispiel zu geben, was Liebe möglich macht, schauen Sie sich doch einfach das berühmte Bauwerk des Taj-Mahal an, das 1631 von dem Großmogul Shah Jahan, zum

Gedenken an seine große Liebe Mumtaz Mahal, erbaut wurde. Selbst heute noch, ist es ein Abbild einer unendlich großen Liebe und viele Menschen tragen die Sehnsucht in sich, diesen Ort zu besuchen. Solange diese Liebe lebendig in den Köpfen der Menschen bleibt, solange wird dieses Bauwerk überleben, weil es dadurch eine Wertschätzung und eine Wichtigkeit erhält, die absolut einzigartig ist.

Ein Körper, den Sie nicht liebevoll nähren und pflegen, wird sehr früh sterben. Eine Freundschaft, die sie nicht liebevoll pflegen, wird nicht halten und eine Liebe, die selbstverständlich erscheint und keinerlei Wertschätzung erfährt, wird sich auf leisen Sohlen davon machen.

Was lernen wir daraus? Dass alles und jede Schöpfung, sei sie auch noch so klein, einem weiteren Gesetz unterworfen ist. Dem Gesetz der Liebe. Wir nennen es die Frequenz Gottes. Sie ist auf ewig verankert in der Akasha und ist eines der Hauptgesetze, das noch über den sieben spirituellen oder kosmischen Gesetzen steht, denn diese Gesetze basieren auf dem Feld der Liebe.

Im Gegensatz zu dem morphischen Feld, das manipulierbar ist, und die Großen dieser Welt wissen genau, wie man dieses Feld manipuliert (siehe Abspeicherung von Informationen), ist das Gottfeld von nichts und niemandem manipulierbar, der nicht in der reinen Liebe schwingt und reinen Geistes ist.

Daher ist das Akashafeld ein ätherisches, geistiges Feld. In diesem Feld werden keine Elemente erschaffen, Bauten oder sichtbare Dinge. Dieses Feld vibriert auf einer Schwingung, die wir fast nicht erreichen können. Ab und an erleben wir im Leben Momente, wo diese Schwingung zu uns durchbricht. Das sind die zauberhaften Momente unseres Seins, wenn Himmel und Erde verschmelzen und unser Herz anfängt zu singen.

Fast unweigerlich berichten Menschen in diesen Momenten, dass es war, als ob Sie eine Musik hören würden. Auch in meiner Nahtoderfahrung waren solche Klänge zu hören. Erst viel später bin ich darauf gestoßen, dass es sich hier um die heilsamen Klänge der Solfeggio - Frequenzen handelt.

Die Solfeggio- Frequenzen sind eine Tonleiter von sechs Tönen, auf der auch die Gregorianischen Gesänge basieren. Interessant ist, dass diese im Mittelalter verboten wurden. Möglicherweise war ihnen die heilende Wirkung dieser Töne mehr als bekannt. Erst in diesem Jahrhundert erwachte dieses Wissen erneut im

Bewusstsein der Menschen. Menschen mit Nahtoderfahrungen, so wie ich, berichten immer wieder von Klängen, die Sie so auf der Erde niemals zuvor gehört haben.

Ich habe zudem drei weitere Frequenzen zu den vorhandenen Solfeggio- Frequenzen entdeckt und bin damit ins Studio gegangen und habe diese aufgenommen. Damit sind es nun neun Frequenzen und es müssen auch neun sein, da die Neun die Zahl der Vollendung ist. Alleine diese Frequenzen helfen uns, in höhere Bewusstseinsebenen zu schwingen und uns dort zu halten und jede von ihnen heilt auf einer anderen Ebene, indem die Frequenz die Flüssigkeit in unserem Körper neu strukturiert. Aber auch hier reicht einmaliges Hören nicht aus.

Hier finden Sie eine Zusammenfassung der Frequenzen und auf welcher Ebene sie wirken. Im Gegensatz zu anderen Frequenzen auf YouTube sind diese akkurat und ganz genau eingemessen. Die Frequenz muss also stimmen.

Vielleicht sind dies die Heilung und das Erwachen, das wir durchlaufen müssen, bevor wir in das Feld Gottes aufsteigen können. Vielleicht ist dies die Musik, die wir hören, wenn wir sterben und zu Gott gehen. Ich kann aus meiner Sicht nur sagen, dass es sich so angehört hat und es war fantastisch. Noch heute habe ich Sehnsucht nach diesem Moment der Gnade und Freude zurückzukehren. Ob dies nun die ganze Frequenz Gottes ist? Ich denke nein, denn was wäre das große Geheimnis, wenn nicht ein Teil davon unerreichbar wäre. Wir würden sofort aufhören zu suchen und damit würde es keine Evolution mehr geben. Die Schöpfung ist das großartigste Beispiel für eine sich ständig verändernde Evolution, basierend auf einer Matrix, die alles hervorbringt und geistigen, unzerstörbaren Ursprungs ist. Nicht zuletzt hat Musik schon immer einen ungeheuren Einfluss auf die Entwicklung der Menschheit gehabt. Angefangen von den Trommeln der Schamanen, die veränderte Bewusstseinszustände hervorrufen, über die klassischen Klänge bis hin zum stampfenden Beat eines Rockkonzerts, das wiederum an den Rhythmus schamanischer Trommeln erinnert.

Hier sind einige Beispiele für diese Frequenzen:

- **174 Hz – Das Fundament des Lebens – Dreidimensionale Vereinigung-Körper-Geist Seele-** ergibt in der Quersumme 3
- **285 Hz – Quantenbewusstsein – Anbindung und Tuning in die natürliche Ordnung –** ergibt in der Quersumme 6

- **396 Hz - Rot -Befreiung von Angst und Schuld**
  =UT queantlaxis ergibt in der Quersumme 9
- **417 Hz - Orange - Resonanz und Veränderung**
  = REsonarefibris ergibt in der Quersumme 3
- **528 Hz – Gold - Wunder /DNS Regeneration/Liebe**
  = MIragestorum ergibt in der Quersumme 6
- **639 Hz – Grün - Harmonie in Beziehungen**
  = FAmulituorum ergibt in der Quersumme 9
- **741 Hz – Lichtblau - Erwachen des Bewusstseins**
  = SOLlvepolluti ergibt in der Quersumme 3
- **852 Hz – Indigo - Erwachen**
  = LAbiireatum ergibt in der Quersumme 6
- **963 Hz – Aktivierung der Zirbeldrüse – Frequenz Gottes** – ergibt in der Quersumme 9

Wie können Sie nun Ihre Schwingungsfrequenz erhöhen?

Probieren sie es einfach aus. Lassen Sie sich über einen längeren Zeitraum einfach berieseln und beobachten, was diese Frequenzen mit Ihnen machen. Horchen Sie tief in sich hinein. Was verändert sich an ihren Emotionen? Wächst Ihre Liebe und Gelassenheit? Bekommen Sie eine erweiterte Wahrnehmung?

Diese Frequenzen richten Sie wieder auf den Ton Gottes aus und mit der Zeit verändert sich Ihr Feld, wird harmonisiert und dadurch erhöhen Sie automatisch Ihre Schwingungsfrequenz. Damit erfolgt ihr Zutritt in die höheren, rein geistigen Ebenen der Akasha- Chronik. Glauben Sie nicht, dass es mit einem einmaligen Anhören getan ist. Ihr Feld wird immer wieder von anderen Frequenzen überlagert.

Man könnte das Anhören dieser Frequenzen daher auch als Psychohygiene bezeichnen und es ist daher immer wieder erneut durchzuführen.

Die Wirkung dürfte in folgenden Bereichen einsetzen:

- Die Heilung von vergangenen Traumata
- Die Heilung auf der Zellebene und Reparatur der DNS

- Eine verbesserte Intuition
- Die Wahrnehmung erweitert sich
- Eine erhöhte Inspiration
- Ihr Empfangskanal wird klarer
- Mehr Gelassenheit und Stressresistenz
- Die Auflösung von Angst, Schuld und Scham
- Die Aktivierung der Zirbeldrüse
- Ein erwachendes Bewusstsein
- Die Aktivierung des Lichtkörpers
- Die Harmonisierung der menschlichen Aura
- Die Herzöffnung

Auf unseren Seiten finden Sie diese Frequenzen sowohl in meditativer als auch in therapeutischer Qualität. Für den Ersteinstieg ist die meditative Qualität vorzuziehen. Der Unterschied besteht darin, dass in der therapeutischen Qualität die Frequenz deutlich lauter eingespielt wurde.

ÜBUNG:

Als Alternative können Sie die Farben einatmen. Schließen Sie einfach die Augen und konzentrieren Sie sich auf ihren Atem. Lassen Sie ihn hinein- und hinausströmen. In Ihrem ganz persönlichen Rhythmus und beginnen Sie dann irgendwann, wenn der Atem ganz natürlich kommt, sich vorzustellen, dass Sie die Farbe einatmen:

Atmen Sie beispielsweise Rot in jede ihrer Zellen ein und leiten sie das Rot in jede Zelle Ihres Körpers. Achten Sie darauf, was sie ausatmen. Atmen Sie solange bis die Farbe durchgängig ist. Also Einatmen und Ausatmen die gleiche Farbe hat. Wenn Ihnen übel wird, hören Sie auf, denn dann ist Ihr System gesättigt und Sie können zur nächsten Farbe übergehen. Machen Sie dies so lange, bis Sie alle Farben der Chakren eingeatmet haben. Am besten arbeiten Sie in der folgen Reihenfolge:

Rot, Orange, Gelb, Grün, Rosa, Hellblau, Indigo, Gold

Die Palmblatt- Bibliotheken

Bücher sind Schiffe, welche die weiten Meere der Zeit durcheilen.

Francis Bacon

Während die Akasha- Chroniken eine Lichtquelle ohne körperlichen Raum sind, sind die Palmblattbibliotheken real auf der Erde existierende Niederschriften.

Bereits vor 7000 Jahren sollen die "Rishis" gelebt haben. Im Hinduismus bedeutet Rishi so viel wie Seher oder mythische Weisen. Der Legende nach, sind den Rishis unter anderem auch die Veden offenbart worden.

Ihnen wurden außerordentliche spirituelle Fähigkeiten nachgesagt. So war es für sie möglich, auch aus den Akasha- Chroniken zu lesen. Um diese Lesungen schriftlich zu fixieren, pflückten sie die Blätter der Stechpalme, trockneten diese und ritzten dann die Lebensläufe von Millionen Menschen hinein. In winzigen Zeichen, dicht an dicht. Dies geschah in Alt-Tamil, einer Sprache, die heute nur noch wenige Eingeweihte beherrschen.

Man sagt, dass die Rishis den Menschen eine Unterstützung auf deren Lebensweg geben wollten, doch als die Menschen sich immer mehr dem Materialismus hingezogen fühlten, hörten diese nicht mehr auf die Weisen. Daraufhin zogen die Rishis sich zurück, aber nicht ohne den Menschen nicht doch noch ihre Hilfe zukommen zu lassen. Jedenfalls für die, die sich irgendwann einmal auf den Weg machen würden, um in den Palmblattbibliotheken vorzusprechen und einen Blick in ihren Lebensverlauf werfen zu wollen. Sie gaben ihr Wissen an Schüler weiter, die es auswendig lernten und ihrerseits weitergaben. So hinterließen sie die Schriften in den Palmblattbibliotheken.

Es sollen zwölf Kopien der Urschrift existieren. Jeweils eine Kopie soll in einer Palmblattbibliothek verwahrt sein. Es gibt sieben Hauptbibliotheken und darüber hinaus noch mehrere Palmblattbibliotheken mit deren Abschriften. Die älteste Bibliothek befindet sich in Kanchipuram, einer Stadt in Südindien.

Ihr Alter wird mit ca. 1200 Jahren angegeben und wurde von dem Rishi Agathiyar geschaffen. In den Veden wird vom Rishi Brighu als Begründer der Palmblattbibliotheken gesprochen.

Jeder Mensch kann eine Reise z.B. nach Indien unternehmen, um sich dort bei einem sogenannten Nadi- Reader seinen Lebensplan, seine Bestimmung, seine persönliche Zukunft mitteilen zu lassen. Doch auch hier ist es so, dass das Schicksal nicht unabänderlich feststeht. In den Palmblattbibliotheken geht es darum, dass die Menschen, die hier Rat suchen, Möglichkeiten offenbart bekommen, um das eigene Schicksal gestalten zu können.

Berühmte Akasha- Medien

Aus dem Geist ist alles Sein entsprungen. In dem Geist wurzelt alles Leben. Nach dem Geiste zielen alle Wesen.

Rudolf Steiner

Rudolf Steiner (1861 - 1925) Begründer der Anthroposophie, wandte sich kurz nach der Jahrhundertwende der theosophischen Gesellschaft zu. Diese wurde 1875 von Helena Petrowna Blavatsky begründet und hatte ihr Zentrum in Adyar, Indien. Steiner wurde Generalsekretär der deutschen Sektion. Seine bis heute grundlegenden Werke der Anthroposophie, z.B. „Wie erlangt man Kenntnisse aus der höheren Welt" und „Aus der Akasha- Chronik", stammen größtenteils aus seiner theosophischen Zeit.

Steiner behauptete, Einblicke in die sogenannte „Akasha-Chronik" erhalten zu können. Sie sei ein geistiges Weltengedächtnis in der Ätherwelt und enthalte alle Ereignisse der Geschichte, alle Taten, Worte und Gedanken der Menschheit, die dem „Geistesforscher" - also ihm - jetzt zur Verfügung stünden. Dieser übersinnlichen Forschung verdanke er - nach eigenen Aussagen - seine Anthroposophie: „Meinen Schauungen in der geistigen Welt hat man immer wieder entgegengehalten, sie seien veränderte Wiedergaben dessen, was im Laufe älterer Zeit an Vorstellungen der Menschen über die Geist-Welt hervorgetreten ist ... Meine Erkenntnisse des Geistigen, dessen bin ich mir voll bewusst, sind Ergebnisse eigenen Schauens."

Dion Fortune (1890 - 1946) gilt heute als eine der führenden Persönlichkeiten des 20. Jahrhunderts auf dem Gebiet der Esoterik. Als sie starb, hinterließ sie einen esoterischen Kreis, der noch heute nach ihren Erkenntnissen und ihrem Wissen alter und moderner Geheimlehren arbeitet.

Sie studierte Freuds Lehren, wandte sich jedoch später C. G. Jung zu, den sie hoch verehrte. In seinen Schriften fand sie das geheime Wissen, das ihren Anschauungen entsprach. Jahrelang arbeitete sie in der medizinisch–psychologischen Klinik am Brunswick Square in London, wo sie ihre Patienten auf der Basis von Psychoanalyse therapierte.

Während dieser Tätigkeit kam sie in Kontakt mit Studenten der theosophischen Gesellschaft, die damals ihre Blütezeit hatte. Von einigen dieser Lehren fühlte sie sich stark angezogen. Sie schätzte die Arbeit von Helena Petrowna Blavatsky, fand jedoch in der östlichen Richtung dieser Gesellschaft nicht das, was sie suchte.

Später trat sie in den „Hermetic Order of the Golden Dawn" (Hermetischer Orden der Goldenen Dämmerung) ein, verließ ihn jedoch nach internen Auseinandersetzungen und gründete 1922 zusammen mit ihrem Ehemann Penny Evans die „Society of the Inner Light", die sich mit Kontakten zu höheren Daseinsebenen beschäftigt, unter anderem der Ebene der Akasha-Chronik.

Edgar Cayce (1877 - 1945) war in der Lage, sich eigenständig in Trance zu versetzen. Es heißt, in diesem Zustand war er bewusstlos, wie im Koma. Auch wenn er nicht beweisen konnte, woher er seine umfangreichen und teilweise sehr detaillierten Informationen bekam, war er der festen Überzeugung, diese Informationen müssten aus etwas universellem kommen müssen. Er selbst bezeichnete sich nicht als Medium. Es waren keine geistigen Wesen die zu ihm oder durch ihn sprachen.

Als gläubiger Christ, war es ihm ein Anliegen, seine Gabe für alle Menschen zu nutzen, die bei ihm Hilfe suchten. Sie kamen, um ihn in allen Lebensbereichen nach Rat zu fragen. Er hat um die 30000 Readings abgehalten, von denen ein großer Teil dokumentiert wurde.

Grundlagen der Akasha-Chroniken

Grundlagen der Akasha-Chroniken

Grundlagenforschung betreibe ich dann, wenn ich nicht weiß, was ich tue.

Wernher Freiherr von Braun

Die Akasha Chronik besteht aus einer Vielzahl kleinerer Chroniken. Sie beinhaltet das Wissen der sichtbaren und der unsichtbaren Welt. Dabei darf man sich die Akasha nicht als eine Art körperlich vorhandene Auskunftsdatei vorstellen, denn sie dient einem höheren Zweck. Die Akasha ist für den dreidimensional denkenden Menschen unsichtbar. Sie ist ein Teil der feinstofflichen, geistigen Welt.

Die Aufzeichnungen sind eine Art Bibliothek oder ein universeller Speicher. Modern ausgedrückt, kann man sie als Festplatte Gottes bezeichnen, die in ihrem Speichervolumen unbegrenzt ist. Jeden Tag werden die neuen Erkenntnisse und Geschehnisse der ganzen Welt dort gesichert. Sie ist also einem ständigen Wandel unterworfen.

Jeder Aspekt des Wissens ist zugänglich, wenn man weiß, wie man ihn findet. Die Bibliothek wird ständig aktualisiert, weil sie jeden Gedanken und jede Handlung eines jeden Einzelnen zu jedem Zeitpunkt der Geschichte enthält. Jeder Mensch hat seine ganz persönlichen Chroniken, die jede Handlung und jeden Gedanken aufzeichnen. Die Chroniken eines jeden Einzelnen sind ein Kapitel in der Bibliothek der gesamten Akasha-Chroniken.

Man kann also sagen, dass die Akasha Bibliothek viele Bände an Einzelschicksalen beinhaltet, die wiederum geordnet nach Abteilungen stehen.

Eine Abteilung könnte daher Politik, Wirtschaft, Wissenschaft, Geologie, Biologie sein und eine andere Abteilung wäre die Menschheit, die Tierwelt und geschichtlichen Ereignisse. Hier würden Milliarden von Einzelbänden stehen, die sich ständig aktualisieren und fortschreiben, also ein gigantischer Massenspeicher an Lichtenergie. Dies betrifft aber nur die menschlichen Ebenen.

Die Akasha-Chronik geht weit darüber hinaus. Allgemein, im christlichen Kontext, bezeichnet man die Genesis als Buch der Schöpfung. Doch ich würde sagen, dass die Akasha-Chronik ein Zeugnis und ein Aufzeichnungsort der gesamten Evolution von Beginn der Schöpfungsgeschichte bis heute ist und während ich dies schreibe, kommen in jeder Sekunde Milliarden neuer Informationen dazu.

Wir denken immer nur an unser irdisches Sein, wenn wir an die Akasha-Chronik denken, doch in Wahrheit dehnt sich die Schöpfung immer weiter aus. Dimensionen über Dimensionen, Welten und Galaxien sind entstanden, von denen wir nie etwas gehört haben. Immer neue Galaxien werden entdeckt und wir glauben immer noch, dass wir der Mittelpunkt allen Lebens sind. Wir sind lediglich ein Sandkorn in der Dichte dieser Informationen, die hier energetisch zusammenkommen.

Die Ebenen der Akasha

Auf der materiellen Ebene braucht man natürlich Zeit, um von hier nach dort zu gelangen, aber auf der psychischen Ebene existiert keine Zeit. Das ist eine ungeheuerliche Wahrheit, eine ungeheuer wichtige Tatsache, und wenn man sie entdeckt hat, hat man sich von allen Traditionen freigemacht.

Krishnamurti

Mit dem Begriff Akasha ist die Lichtzelle oder ätherische Lichtebene gemeint. Jegliche Gefühle, Schicksale und andere Imprägnierungen werden in Echtzeit gespeichert und für immer bewahrt. Um die Chronik noch besser zu verstehen, kann man sie sich wie Energieblasen vorstellen, die durch die Kraft des Erdmagnetismus und des magnetischen Erdenfeldes Stabilität, Struktur und Halt haben. Außerdem ergibt sich dadurch auch die Fähigkeit, Dinge abzuspeichern, siehe Magnetspuren auf Tonbändern etc. Es ist quasi ein Zusammenspiel aus Licht, Magnetismus und einer Frequenzbreite oder einem Frequenzband, das Schwingungen erkennen und verarbeiten kann, die aus Bildern, Tönen und Gefühlen bestehen.

Zwei mächtige Energieströme speisen zusammen eine dritte Ebene und ergeben damit zusammen die Akasha-Ebene. Die erste Kraft ist der Lichtstrom aus Milliarden von humanen Biophotonen, die zusammen einen unglaublichen energetischen Strom ergeben. Biophotonen sind das Licht der menschlichen Zelle. Ein zweiter Strom ist der planetare Lichtstrom, quasi gespeist aus dem Herz von Gaia, also der Weltenstrom der Erde. Zusammen ergeben, formen und speisen sie das Bewusstsein der Menschheit.

Alles ist mit allem verbunden. Also ist das morphische Feld eine Quintessenz und ein Teilbereich von Akasha. Wir sprechen hier auch von den unteren Graden der Akasha-Bibliothek. Er wird ausschließlich aus menschlichem Bewusstsein gespeist.

Die höheren Grade von Akasha beherbergen die Quintessenz reinen Wissens, extrahiert aus dem menschlichen Bewusstseinsfeld und für immer verewigt in kristallinen Strukturen von Dodekaedern. Um in diesen höheren Ebenen zu lesen, sollte man in der Lage sein, sich auf diese Frequenz einzustimmen. In diesem Kristall sind Unterebenen, die Ebenen des Wissens der Lehrer. Manchmal kommen Menschen beim Lesen der Akasha unbeabsichtigt in diese Ebenen und ihnen erscheint natürlich das Bild des Lehrers, dessen Lehren hier verewigt wurden. Dadurch könnte der Eindruck entstehen, dass es Hüter gibt, doch dem ist nicht unbedingt so. Man ist nur in die höheren Ebenen der Akasha „gerutscht". Natürlich muss unser Verstand bzw. unser Ego das wieder bewerten und verstehen. Also konstruiert es daraus eine wahrscheinliche Geschichte, die aber schlichtweg falsch ist.

Viele alte Seelen, Lehrer und Wesenheiten sind hier im ewigen Raum zu Hause und wenn, dann sind sie Hüter und Bewahrer des Wissens, und sie würden jeden begrüßen, der diese Hallen betritt. Alleine das Betreten einer solchen Ebene bedeutet, dass ihre Zellfrequenz wie ein Schlüssel für diese Ebene funktioniert. Sie schwingen ähnlich. Nur ein Lehrer, auch wenn er es für sich noch nicht entdeckt hat, wird auf die Ebene eines Lehrers gelangen können. Ein Heiler gelangt auf die Ebenen der Heilung in der Welt von Akasha. Hier greifen die Naturgesetze, unter anderem das Gesetz der Resonanz.

Die hermetischen Gesetze und ihre Bedeutung für die Chroniken

Wer sich den Gesetzen nicht fügen lernt, muss die Gegend verlassen, wo sie gelten.

Johann Wolfgang von Goethe

Die sieben hermetischen Gesetze gehen auf Hermes Trismegistos zurück. Er ist eine Synthese des griechischen Gottes Hermes und Thot, dem ägyptischen Gott der Weisheit. Vorbild für diese Gesetze ist die Natur selbst. Als einmaliges, sich selbst erhaltendes Schöpfungswerk in seiner unglaublichen, einzigartigen Tiefe ist und war sie Vorbild für diese Gesetze, die bereits seit Jahrtausenden ihre Gültigkeit haben. Sie sind zwischen dem 01. und 04. Jahrhundert nach Christus gefunden worden. Ihr Ursprung und ihre tatsächliche Entstehungszeit datieren sich einige Jahrhunderte vor unserer Zeitrechnung.

Das „Kybalion" ist das wohl bekannteste Buch, in dem die hermetischen Gesetze veröffentlicht wurden. Dies war 1908 in Chicago. Man weiß nicht genau, wer die Urheber dieses Buches sind, denn diese wollten anonym bleiben.

Im Buch selbst wird von den „Drei Eingeweihten" gesprochen.

1. **hermetisches Gesetz**: **Das Prinzip des Geistes-** Das All ist Geist, das Universum ist geistig.

2. **hermetisches Gesetz**: **Das Prinzip der Entsprechung-** Wie oben, so unten; Wie innen, so außen.

3. **hermetisches Gesetz**: **Das Prinzip der Schwingung-** Nichts ruht; alles ist in Bewegung; alles schwingt.

4. **hermetisches Gesetz**: **Das Prinzip der Polarität-** Alles ist zweifach; alles hat Pole; alles hat seine zwei Gegensätze.

5. hermetisches Gesetz: **Das Prinzip des Rhythmus-** Alles fließt; aus und ein; alles hat seine Gezeiten; alles hebt sich und fällt.

6. hermetisches Gesetz: **Das Prinzip von Ursache und Wirkung-** Jede Ursache hat ihre Wirkung, jede Wirkung hat ihre Ursache.

7. hermetisches Gesetz: **Das Prinzip des Geschlechts-**Geschlecht ist in allem; alles hat sein männliches und sein weibliches Prinzip.

Jedes Leben wird besser und jeder Lebensweg wird authentischer und kraftvoller wenn man immer und jederzeit die Gesetze anwendet. Das gilt natürlich auch für Lesungen in der Akasha. Fühlen Sie sich heute schwach und unausgeglichen, werden sie auch beim Hochgehen in die

Akasha schwach sein und nur beschwerlich Erkenntnisse erhalten.

„Der Besitz von Wissen, wenn er nicht tätig zum Ausdruck und Handlung kommt, ist gleich dem Anhäufen kostbarer Metalle- ein nutzloses und törichtes Ding. Wissen ist wie Reichtum dazu bestimmt, gebraucht zu werden. Dieses Gesetz der Anwendung ist universal, der es verletzt, leidet durch seinen Konflikt mit den Naturkräften." (Das Kybalion)

Die aufgestiegenen Meister und die 12 Lichtaspekte

Sei gegenwärtig in allem, was du tust, die einzige Wirklichkeit ist jetzt. Solange du Vergangenem nachhängst oder Zukünftigem nachstellst, bist du nicht wirklich hier, am Leben.

Zen-Weisheit

Die aufgestiegenen Meister haben tatsächlich einmal auf dieser Erde gelebt. Als ehemals menschliche Wesen haben sie sich durch viele Inkarnationen stetig weiterentwickelt, bis sie eine Ebene erreicht haben, auf der sie spirituell erleuchtet waren. Durch das Lösen ihrer Lebensaufgaben, konnten sie im Laufe der Jahrhunderte oder sogar Jahrtausende ihren materiellen Körper ablegen und wurden zu Lichtwesen. Sie brauchten nicht mehr zu inkarnieren, sondern bleiben in der geistigen Welt, um von dort ihre Aufgaben zu erfüllen.

Ihre Bestimmung ist es nun, die Menschheit bei der Erreichung eines höheren Bewusstseins zu unterstützen. Sie können uns helfen, blockierende Emotionen wie z.B. Angst, Zorn, Hass,

Selbstmitleid, Habgier, Neid, usw. aufzulösen, wenn wir es wollen und dafür bereit sind.

So können auch wir irgendwann einmal, wenn unsere Lebenszyklen vervollständigt sind, aufsteigen und als Lichtwesen die Menschen auf der Erde bei ihren Aufgaben unterstützen.

Einer dieser aufgestiegenen Meister ist Saint Germain. Der Name mag Einigen bekannt sein. Er galt vor 250 Jahren als Geheimdiplomat in Frankreichs Diensten. Darüber hinaus war er Komponist, Okkultist, Alchimist und Unternehmer. Woher er kam, wann und wo er geboren ist, gilt als nicht gesichert. Hierzu gibt es verschiedene Thesen. Man sagt ihm nach, dass er nicht alterte. Er starb am 27.Februar 1784 in Eckernförde, an der Ostsee.

Allerdings bestehen Zweifel an seinem Tod, so soll er noch bis ins 19.Jahrhundert hinein gesehen worden sein. Nur ein Jahr nach seinem Tod, wird er auf Freimaurerkongressen, unter anderem in Paris, gesehen. Kurz darauf soll er Marie Antoinette vor den Konsequenzen der Französischen Revolution gewarnt haben. 1836 ist er auf der Beerdigung von Karl von Hessen-Kassel zugegen. Ungefähr fünfzig Jahre später erkennt Helena Petrovna Blavatsky ihn in einem tibetanischen Weisen.

Jeder Einzelne der aufgestiegenen Meister unterstützt die Menschen in unterschiedlichen Bereichen ihres Lebens. Sie haben also eigene Aufgaben. So ist das Hauptthema von Saint Germain der freie Wille, die Selbsterkenntnis, Objektivität und die Transformation. Er kann aus emotionalen Verstrickungen helfen.

Die aufgestiegenen Meister gelten als Unterstützer der Erzengel. Sie können in Kooperation wirken, müssen es aber nicht. Die Schüler unseres Akasha- Chronik- Fernstudiums lernen die Energien dieser Meister zu channeln und in Kombination der 12 Lichtaspekte oder Lichtstrahlen zur Heilung und Entwicklung für sich selbst oder auch für Andere zu nutzen. Jeder Strahl ist einem anderem aufgestiegenen Meister zugeordnet.

Bei den 12 Lichtaspekten handelt es sich um Schwingungsfrequenzen. Durch die unterschiedlichen Schwingungen bilden sie verschiedene Farben und sind für unterschiedliche Anliegen bedeutsam. Um wirksam sein zu können, gehen sie mit den menschlichen Biophotonen, also dem Licht in unseren Körperzellen, in Resonanz. In den Chakren, also den Energiezentren des Menschen, entfalten sie ihre Wirkung.

Der 1. Strahl leuchtet Blau und steht für Schutz und Vertrauen. Auch geht es hier um

Heilung im Sinne einer Wiederherstellung der Ordnung.

Der 2. Strahl ist goldgelb und repräsentiert Weisheit und Erleuchtung. Er zeigt Ihnen Ihren Lebensplan. Darüber hinaus ist Gold die stärkste Heilfarbe.

Der 3. Strahl, rot, ist der Strahl der Liebe in all ihren Facetten und verbindet den Körper mit der Erde.

Kristallweiß ist der 4. Lichtaspekt und steht für Aufstieg und Reinheit. Er reinigt Körper und Geist und ist in der Lage, einen starken energetischen Schutz herzustellen.

Der 5. Strahl zeigt sich in smaragdgrün. Er kann dabei unterstützen, die Wahrhaftigkeit und Wahrheit der Existenz zu erkennen und er gibt einen Heilimpuls.

Der rubinrote Lichtaspekt ist der 6. Strahl. Er steht für die Gnade des Menschen.

Der 7. Strahl leuchtet violett. Er ist der Strahl der Transformation. Er zeigt Ihre Lernaufgaben und unterstützt dabei, alte Programmierungen aufzulösen.

Der aquamarinfarbene 8. Strahl sorgt für Klarheit. Er hilft, Fehlverhalten zu erkennen und daraus zu lernen. Er löst Blockaden und bringt die Lebensenergie zum fließen.

Der 9. Strahl, Magenta (rötlich- violett), steht für Harmonie und Bereinigung von belastenden und störenden karmischen Aspekten.

Gold, der 10. Strahl kann Frieden und Ausgeglichenheit bringen. Er stärkt und stabilisiert.

Der 11.Strahl ist blassorange, pfirsichfarben. Er zeigt, woran Sie auf dem Weg in Ihre Zukunft arbeiten müssen.

Auch der 12. opalfarbene Strahl dient der Transformation. Er zeigt das „Wie" und verhilft zur Klärung.

Beim Lesen in der Akasha können diese Lichtaspekte von großer Bedeutung für uns sein. Je nach Fragestellung an die Chroniken und den daraus resultierenden Erkenntnissen sind sie uns mit dem jeweiligen Meister behilflich, an unserem eigenen Aufstieg zu arbeiten. Alle diese Strahlen sind unsere Verbindung zum Göttlichen, so dass immer auch der Aufstieg unserer Erde gleichzeitig vorangetrieben wird.

Die DNA und die Noetik

*Gene verschlüsseln keine Geheimnisse,
sondern offenbaren sie.*

Prof. Dr. Hans-Jürgen Quadbeck-Seeger

Wie viele von Ihnen vielleicht schon wissen, ist die DNA aller Lebewesen die Trägerin der Erbinformationen, also der Gene. Die Struktur, in der sie aufgebaut ist, wird Doppelhelix genannt. Die Gene codieren Informationen und speichern sie. Sie sind für den Aufbau und die gesamte Organisation des Organismus zuständig.

Über 90% der gesamten DNA einer Zelle ist nach neueren Erkenntnissen allerdings uncodiert, d.h. auf diesen Abschnitten sind keine Informationen gespeichert, liegen brach. Es heißt, dass nur ein Gramm getrockneter DNA den Informationsgehalt von einer Billion CDs speichern könnte. Der Informationsgehalt eines Teelöffels dieser DNA könnte die gesamte Weltbevölkerung über 300 Mal „nachbauen".

In den Akasha- Chroniken liegt ein Abbild der DNA jeden einzelnen Lebewesens vor und im Schamanismus geht man z.B. davon aus, dass nicht nur körperliche Merkmale und bestimmte Anlagen auf diesen Abbildern liegen, sondern auch karmische und spirituelle Verstrickungen abgelegt werden. Insofern ist das Thema DNA und Akasha- Chroniken von großer Wichtigkeit, will man das volle Potential des „Weltgedächtnisses" nutzen. Jetzt stellt sich die Frage, warum nur ein Bruchteil, nämlich ca. 4%, dieses unglaublichen Potenzials aktiv ist. Die Natur erschafft nichts, was keine Bedeutung, keine Aufgabe hat.

Meine Recherchen, unter anderem meine Reisen zu den Akasha- Chroniken, bringen mich zu folgenden Überlegungen: Die DNA ist multidimensional und beinhaltet die gesamte Schöpfungsgeschichte aller Menschen. Es gibt schon sehr lange Hinweise darauf, dass unsere DNA nicht aus nur zwei, sondern aus zwölf Strängen besteht, die ineinander verschlungen sind. Wobei zehn der Stränge feinstofflich in der Aura zu finden sind.

Sie ist in 4 Gruppen zu je drei Feldern aufgebaut und jede Schicht und jede Gruppe hat unterschiedliche Aufgaben und in der Interaktion mit allem, was um uns herum ist, könnte etwas Neues entstehen und zur Veränderung der DNA beitragen.

Nach Kryon, gechannelt durch das Medium Lee Carroll, gibt es folgende Unterteilung:

Erdungs-schicht	1. Biologische Schicht Baum des Lebens	2. Schicht der Lebensaufgabe Göttlicher Bauplan	3. Aufstiegs-Schicht
Schichten der menschlichen Göttlichkeit	4. Engelname Kristalline Kernenergie	5. Engelname Kristalline Kernenergie	6. Gebet und Kommunikation Höheres Selbst
Lemurische Schicht	7. Lemurische Schicht Extra-dimensionaler Sinn	8. Lemurische Schicht Meister-Akasha-Aufzeichnung	9. Lemurische Schicht Heilungsschicht Die Flamme der Ausdehnung
Gottes-schichten	10. Göttliche Quelle des Seins	11. Weisheit der göttlichen Weiblichkeit	12. Die Gottes-Schicht Der Gott in Dir

Zur heutigen Zeit, sind nicht alle Schichten aktiv, sondern nur die ersten beiden Schichten. Genauer gesagt, sind es Bewusstseinsschichten, die erreicht werden können, wenn der Mensch das entsprechende Bewusstsein erlangt hat.

Zu Zeiten von Atlantis und Lemurien sollen die Menschen noch eine Zwölf- Strang- DNA besessen haben. Das heißt, sie waren voll bewusst und konnten so ihr volles Potential leben. Durch den Untergang von Atlantis und Lemurien sollen die Menschen auf die Zwei- Strang- DNA zurückgefallen sein. Aber hierzu im nächsten Kapitel mehr.

Der Mensch hat nicht mehr Gene, als die meisten Tier- und Pflanzenarten. Es gibt unzählige verschiedene Gattungen von Tiere und Pflanzen, aber es gibt nur eine Gattung Mensch. In unserem Arbeitsfeld ist es jedoch nicht wichtig, wie hoch die Anzahl der Gene ist, sondern die Quantenenergie zwischen ihnen und die sie umgibt spielt die wesentliche Rolle. Sie entsteht aus einem Magnetfeld und Molekülen. Hier findet der Informationsaustausch statt. Alle automatisierten Prozesse werden so gesteuert.

Wie man heute aus quantenmechanischen Experimenten wie dem Doppelspaltexperiment weiß, ist das Ergebnis davon abhängig ob ein Beobachter dem Prozess beiwohnt oder nicht.

Allein dieser Umstand genügt, um das Ergebnis grundlegend zu verändern. Die 96% der DNA, die nicht genutzt werden, liegen nicht einfach nur brach, sondern beinhalten Energien, in denen Prozesse ablaufen. Wir sollten uns also stets bewusst sein, dass wir mit der Fokussierung unserer Gedanken und deren Beobachtungdas Energiefeld unserer DNA beeinflussen können. Die Schichten der DNA befinden sich im Quantenraum und hier herrschen andere Gesetze, z.B. sind auch weit voneinander entfernte Teilchen miteinander verschränkt und reagieren folglich gleichzeitig. Je nach Intention eines Beobachters, und die Fokussierung auf einen bestimmten Zustand, kann die DNA und unser ganzes Leben verändert werden.

Die DNA ist auch die Empfangsantenne bei der Herstellung eines Kontaktes zu allen Wesen, auch in den feinstofflichen Ebenen. Ein Teil der Kommunikation bei z.B. Jenseitskontakten, findet meiner Meinung nach über die DNA statt.

Über die Akasha- Chronik und unsere DNA stehen wir mit allem in Verbindung und um diese zu aktivieren, brauchen wir feste Intentionen und den Glauben, dass es möglich ist.

Dass dies tatsächlich so ist, bestätigt das Institute of Noetic Science durch langjährige Forschungen auf diesem Gebiet.

Das Institute of Noetic Science wurde 1973 von dem Astronauten der NASA Edgar Mitchell gegründet. Auslöser dafür war ein bewusstseinsveränderndes Erlebnis während des Rückflugs zur Erde mit der Apollo-14. Beim Anblick der Erde verspürte er ein tiefes Wissen um die Verbundenheit von Allem mit Allem im gesamten Universum. Dazu schrieb er in seinem Buch „Wege ins Unerforschte":

"Was ich während der dreitägigen Rückkehr zur heimatlichen Erde erlebte, war so etwas wie ein überwältigendes Gefühl universalen Verbundenseins. Ich fühlte tatsächlich, was gerne als Ekstase der Einheit beschrieben wird ... Und ich hatte das Empfinden, unsere Präsenz als Raumfahrer sowie die Existenz des Universums selbst war nichts Zufälliges, sondern ein intelligenter Prozess. Ich nahm das All als ein in gewisser Weise bewusstes Universum wahr ...Als ich dann über die Erde hinaus sah und das größere Bild in seiner ganzen Pracht vor Augen hatte, erkannte ich mit einem Mal, dass das Universum nicht so beschaffen ist, wie man mich gelehrt hatte. Ich war bestürzt. Ich hatte es so verstanden, dass jene Himmelskörper in ihrer Verschiedenheit von uns getrennt sind und sich relativ unabhängig bewegen. Dieses Verständnis war plötzlich zerstört. Anstelle dessen stieg eine neue Einsicht in mir auf, mit der sich ein Gefühl allgegenwärtiger Harmonie verband. Ein Verbundenheitsgefühl mit all den Himmelskörpern, die unser Raumschiff umgaben ... Der Mensch ist Teil eines kontinuierlichen Entwicklungsprozesses, und dieser ist grandioser und intelligenter, als die klassische Wissenschaft und die religiösen Traditionen es bislang richtig beschreiben konnten.

Ich war Teil eines natürlichen Prozesses, der größer war, als ich es früher begriffen habe, ein Prozess, der mich von allen Seiten umgab, während die Raumkapsel mit mir 400000 Kilometer weit durch das leere schwarze All flog."

Der Begriff Noetik wurde bereits seit der Antike verwendet. Er kommt aus dem griechischem und bedeutet so viel wie „geistig wahrnehmbar". Die Noetik wird als Grenzwissenschaft bezeichnet und hat den Anspruch, die Erfahrungen der Quantenphysik mit denen der Bewusstseinsforschung zusammenführen.

Das Institute of Noetic Science hat es sich zur Aufgabe gemacht, neben den positiven Auswirkungen von Meditation auf Geist und Körper auch Phänomene wie außersinnliche Wahrnehmungen, Telepathie usw. wissenschaftlich zu erforschen. Eine wesentliche Rolle hierbei spielt die Möglichkeit, geistige Energien z.B. zur Heilung einzusetzen.

Die Wissenschaftsjournalistin Lynne McTaggart hat in jahrelanger Arbeit die Forschungsergebnisse der Noetik zusammengefasst und ist zu dem Schluss gekommen, dass Bewusstsein eine Substanz außerhalb unserer Körpergrenze ist. Es ist eine Energie, die Materie verändern kann. Sie wird auch das Nullpunktfeld genannt. Auf der subatomaren Ebene der lebenden Materie durchzieht es das Universum wie ein Netz und verbindet so alles miteinander. Aus der Quantenphysik wissen wir mittlerweile, dass diese Energie tatsächlich durch Kraft unseres Geistes und durch Intention genutzt werden kann, um wie zuvor beschrieben z.B. in den Akasha-Chroniken zu lesen und so Einfluss auf die DNA zu nehmen.

Lemurien und Atlantis

Das Schönste, was wir erleben können, ist das Geheimnisvolle.

Albert Einstein

Um Ihnen die Gründe für unsere eingeschränkte DNA darzulegen, möchte ich versuchen, Ihnen hier eine Zusammenfassung aus einem Channeling von KRYON, durch Lee Carroll im August/ September 2007, während einer Mittelmeerkreuzfahrt, zu geben.

Kryon sprach davon, dass diese Kreuzfahrt eine besondere Möglichkeit ist, Informationen zu übermitteln. Dadurch, dass die teilnehmenden Personen über den Ozean glitten, waren sie nicht mit der sonst üblichen Energie verbunden. Dies ermöglichte eine größere Reflektion der Verbindung des Senders und des Empfängers. Dieses Channeling sollte dazu dienen, die bisherigen einzelnen Informationen zur Entwicklungsgeschichte der Menschheit zu chronologisieren und folgende Fragen zu erörtern.

- Wie lange soll die irdische Reise dauern?

- Wie lange werden die Menschen auf der Erde sein?
- Welchen Plan gab es?
- Wo steht die Menschheit jetzt?
- Konnte der Mensch die Geschichte ändern?

Kryon übermittelt den Zeitpunkt des Beginn, des erleuchteten Menschen. Dieser soll vor 100.000 Jahren gewesen sein, auch wenn es schon lange vorher menschliche Entwicklung gab. Aber vorher gab es in der DNS des Menschen keine spirituellen Anlagen. Es war eine rein biologische Entwicklung. Zu diesem Zeitpunkt sollten bis zu zwanzig verschiedene Arten von Menschen gleichzeitig gelebt haben. Sie sahen unterschiedlich aus, hatten sogar teilweise Schwänze. Sie entwickelten sich an verschiedenen Orten auf der Erde und in unterschiedlichem Tempo. Einige auch in der Mitte des pazifischen Ozeans.

Dann gab es einen Plan. Die Erde wurde auf Quantenweise von erleuchteten Wesen besucht, denn es gab und gibt im gesamten Universum Leben, das unterschiedlich entwickelt ist. Diese Wesen lebten im Quantenzustand und existierten in Gesellschaften, die doppelt so alt waren, wie die Erde. Das waren die Plejadier.

Sie hatten die Erlaubnis, die Erde zu besuchen, um den Samen der Erleuchtung in unsere DNS zu pflanzen. Sie taten das in liebevoller Absicht. Sie gaben den damaligen Menschen zwei zusätzliche DNS- Schichten aber nur eine Art der Menschen, nämlich die heutige, war bereit, dieses Geschenk zu empfangen.

Kryon wies darauf hin, dass unsere heutigen Anthropologen sagen würden, dass nur eine Art Mensch auf dem gesamten Erdball vorkam. Aber die anderen neunzehn Arten starben aus, denn sie konnten aufgrund der DNS- Veränderung, nicht mit den anderen mithalten. Dies sei zwar gegen die natürliche Selektion, aber weil dies so schnell geschah, denken viele Menschen, dass die Evolution so gar nicht stattgefunden haben konnte, sondern dass Gott den Menschen in einem Moment erschaffen hat.

Im Kern dieser Aussage liegt ein Teil der Wahrheit, denn mit dem Empfang der neuen Bewusstseinsschichten in der DNS, lebte der Mensch die Dualität aus. In der Schöpfungsgeschichte ist dies der GartenEden mit der Schlange als Versuchung, die Gut und Böse repräsentiert.

Eine der zusätzlichen DNS- Schichten enthielt die Akasha- Chronik. Hiermit fing der Mensch an spirituell zu werden.

Dieser Prozess dauerte ca. 50.000 Jahre. Engel begannen, den menschlichen Körper als Gefährt zu benutzen, um auf den Planeten zu kommen. Erst dann wurde der Mensch zu dem, der er heute ist. Die wahre erleuchtete Menschheit ist also erst 50.000 Jahre alt. Es war ein Test. Die Erde war der einzige Planet, der die freie Wahl hatte.

Vor ca. 40.000 Jahren gab es eine Gesellschaft, die in ihrem Bewusstsein unglaublich weit entwickelt war. Es war die lemurische Zivilisation. Sie hat 20.000 Jahre überdauert. Sie lebten in völliger Harmonie und in völligem Frieden miteinander. Die Wissenschaftler sind der Ansicht, dass es damals noch keine Zivilisationen gegeben hat und tatsächlich gibt es auch keine Beweise für diese Behauptung. Alle Beweise wurden absichtlich ausgelöscht.

Der Beginn der lemurischen Zivilisation liegt ca. 50.000 Jahre zurück. Nach 10.000 Jahren konnten sie sich vereinigt nennen und noch mal 5.000 Jahre später waren sie eine Gesellschaft mit gemeinsamem Zentrum der Kontrolle. Vor 35.000 Jahren waren die Lemurier eine voll ausgereifte Zivilisation. In den Anfängen der menschlichen Entwicklung ging alles sehr langsam vonstatten.

Im pazifischen Ozean soll es damals Land gegeben haben. Das Land, auf dem die Lemurier gewohnt haben. Sie hatten ein Quantenbewusstsein, mit einem anderen Zeitgefühl.

Vor 40.000 Jahren war der Planet Erde, am Ende einer der größten Eiszeiten, die er je erlebt hat. Ein Drittel des Wassers auf der Erde war Eis. Die durchschnittliche Temperatur war um ca. 8° niedriger als die heutige. Das hatte mit der Rotation der Erdachse zu tun, die damals eine 28° Abweichung hatte. Das Eis erschuf Ozeane, die anders waren als unsere Ozeane heute. Die Temperaturunterschiede waren bedeutsam für das Wetter und die Wassermenge. Die durchschnittliche Meereshöhe war ca. 133 Meter niedriger. Für das Erscheinungsbild bedeutet das, dass z.B. Gebirgsketten über, anstatt unter Wasser liegen. Die Lemurier haben ca. 20.000 Jahre auf der heutigen Inselkette Hawaii gelebt. Sie lebten in einem Tal, das niedriger war als der Wasserspiegel. Das Wasser wurde aber durch einige Gebirgsketten zurückgehalten. Sie hatten trockenen Boden, der heute den Boden des pazifischen Ozeans darstellt. Sie wussten, dass sie in Gefahr waren, sollte der Wasserspiegel steigen. Solange es kühl blieb und das Eis nicht schmolz, waren sie sicher. Sie wussten aber auch, dass sie auf einer großen tektonischen Platte lebten, die bei Bewegung Vulkanausbrüche auslösen könnte.

Dann ging Kryon zum spirituellen Teil über.

Durch die 20.000jährige Dauer der lemurischen Kultur gingen ca. 350 Millionen Seelen. Nicht viel, bei 800 Generationen.

Nun legte Kryon Wert auf eine korrekte Übersetzung, weshalb ich ihn hier zitieren möchte:

„Lemurier haben sich nicht wieder als Lemurier inkarniert. Was ich damit spirituell sage, ist, dass es fast 350 Millionen individuelle, einzigartige Seelen gab – nicht nur menschliche Seelen, sondern 350 Millionen Engel haben sich abgewechselt und sind durch die lemurische Kultur als Menschen gegangen, und sie haben sich nicht reinkarniert. Sie kamen nur ein Mal. Die lemurische Geburtenrate war nicht typisch für Eure heutige Geburtenrate, nicht annähernd so hoch wie Eure heute. Sie schritt nicht einmal geometrisch fort wie Eure heutige. Das ist kompliziert. Es gab einen biologischen Grund dafür, dass die Lemurier nicht viele Kinder hatten. Es hatte mit den Temperaturen auf dem Planeten zu tun und mit ihrer Kultur. Männer waren nicht so fortpflanzungsfähig wie sie es heute sind.

Es ermöglichte auch die [damals] notwendigen spirituellen Aspekte. Alles, was Ihr wissen müsst ist, dass es in der lemurischen spirituellen Kultur nur 350 Millionen Seelen gab, welche die am längsten währende Zivilisation repräsentierten, die es jemals auf der Erde gab. Mehr dazu in einem Moment."

Weiter erklärte Kryon, dass vor ca. 15.000 Jahren das Eis anfing zu schmelzen. Dies ging sehr langsam und den Lemuriern war das bewusst. Sie entwickelten sich zu Seefahrern. Sie bauten Boote und viele von ihnen blieben auf den Booten. Nun begann sich die lemurische Gesellschaft zu entzweien. Durch die neuen Wassermassen erhöhte sich das Gewicht auf die Erdkruste und es kam aufgrund von Verschiebungen der Erdplatten vermehrt zu Erdbeben. Bis vor ca. 10.000 Jahren lief das Wasser in die Täler und riss alles mit sich, was je erbaut wurde. Dann blieb der Wasserspiegel bestehen, so wie er heute ist.

Der Wasserkreislauf ist immer in Bewegung und ist ausschlaggebend für Temperaturveränderungen. Sie finden in Zyklen statt, die mindestens 200 Jahre andauern, bevor sie wieder von Neuem beginnen. Die meisten Menschen wissen also nur von den Veränderungen, ohne darin den Zyklus zu kennen. Der Mensch lebt einfach nicht lange genug. Im 14. Jahrhundert gab es eine kleine Eiszeit, in der die Gletscher sich wieder vergrößerten. Das ist eine typische Temperaturveränderung in so einem Zyklus.

Kryon wies daraufhin, dass das eigentlich Interessante die Tatsache ist, dass es kurz vor den Eiszeiten zu einer Erwärmung kommt. Dies sei der Beginn eines neuen Zyklus und er endet mit einem Absinken der Temperatur. Laut seinen Aussagen stehen wir heute am Anfang eines Zyklus.

Kryon fuhr mit seinen Ausführungen über die Lemurier fort.

Die Polynesier sind Abkömmlinge der Lemurier. Als die Wassermassen das Land überfluteten, stiegen einige von ihnen auf die Berggipfel. Sie kannten sich mit den Gezeiten aus und waren in der Lage, sich über hunderte Kilometer ohne Kompass über den Ozean zu bewegen. Einige von ihnen sagen heute selbst, dass sie Nachfahren der Lemurier sind.

Vor knapp 13.000 Jahren und vor 5.000 Jahren gab es auf der Erde Meteoriteneinschläge. Für die heutige Wissenschaft ist dies strittig. In der Folge der Einschläge, insbesondere bei dem vor 5.000 Jahren, kam es zu einer massiven Verschiebung der Erdachse. Dadurch wurde viel Staub in die Stratosphäre geschleudert und es kam zu starken Regenfällen, die den größten Teil aller Lebewesen auf der Erde auslöschten. Dies war Teil eines Plans. Das gesamte lemurische Wissen sollte zerstört und Seen für den Gebrauch der Menschheit geschaffen werden.

Lemurien und die lemurische DNS hatten nur einen Sinn. Die Bühne zu bereiten, für das, was heute ist.

Dreihundertfünfzig Millionen Lemurier existierten während der Lebensspanne ihrer Kultur. Jeder von ihnen hatte, bis auf wenige Ausnahmen, ein Leben. Sie bauten die Akasha- Chronik für die Erde auf.

Die Lemurier erkannten das. Als das Eis anfing zu schmelzen, bestiegen sie ihre Boote und siedelten sich auf anderen Teilen der Ländereien der Erde neu an. In Neuseeland, den Osterinseln, in Amerika und Alaska. Es entstanden neue Kulturen. Eine befand sich im mittleren Osten und wurde sumerisch genannt. Aus ihr entstand die ägyptische Kultur.

Alle Beweise, dass es sich so zugetragen hat, wurden ausgelöscht. Durch die Strömungen am Meeresgrund, haben sich über Jahrtausende dicke Schichten Sand und Schlick über mögliche Hinweise gelegt.

Trotzdem wurden lemurische Artefakte längst gefunden. Sie werden aber versteckt gehalten. Denn sie stellen ein Paradoxon dar. Die heutige Wissenschaft wird sie nicht anerkennen. Aus ihrer Sicht können sie nicht existieren.

Kryon verglich dies mit folgendem Bild:

„Was wäre, wenn ihr ein Autoteil finden würdet, dessen Kohlenstoffdatierung ein Alter von 3000 Jahren ergibt? Es wäre ein Artefakt, das „nicht existieren kann". So wird es mit den Artefakten von Lemurien sein. Denn es wird sich um Karten von Sternen und um biologische Informationen handeln, die „nicht bekannt gewesen sein können".

Oft wird Atlantis mit Lemurien verwechselt. Es gab das neue und das alte Atlantis. Sie waren zeitlich wie physisch sehr weit voneinander entfernt. Das neue Atlantis, von dem heute meistens gesprochen wird, war der zeitgleichen ägyptischen Zivilisation sehr ähnlich. Die eine Zivilisation entstammte aus der Evolution der Menschen aus Westeuropa und die andere aus dem mittleren Osten. Das neue Atlantis lag, laut Kryon, in der Nähe von Griechenland und Kreta. Das alte Atlantis lag im Pazifik, weit weg vom neuen.

Es galt als eine Siedlung von Lemurien, entwickelte sich aber in eine völlig andere Richtung. Es herrschte Sklaverei und Dekadenz. Technologien wurden missbraucht. Kryon gab in diesem Channeling keine weiteren Informationen über die Atlanter.

Er berichtete weiter, dass die Lemurier ein Teil eines Tests waren. Im Laufe der Entwicklung haben wir uns für die Energie der Dualität entschieden und dadurch einzelne Teile der Aktivierung der DNS verloren. Wir hatten die freie Wahl. Wir haben auch die freie Wahl sie wieder zurück zu bekommen.

Es sind Quantenteile der DNS. Es ist die lemurische und die plejadische Schicht und eine davon ist die Akasha- Chronik. Die Lemurier waren verantwortlich für die Erschaffung der Akasha- Chronik der Erde.

Reinkarnation

*Es ist nicht erstaunlicher, zweimal in diese Welt
geboren zu werden als einmal.*

Voltaire

Der Begriff Reinkarnation ist heute wohl den meisten Menschen geläufig. Er kommt ursprünglich aus dem lateinischen und bedeutet „Wiederfleischwerdung, Wiederverkörperung".

Mit der Reinkarnation ist, kurz gesagt, die Wiedergeburt einer Seele in ein empfindendes, lebendiges Wesen gemeint. In einigen Religionen beinhaltet die Reinkarnationslehre auch den Gedanken des Karmas. In wieder anderen kommt sie gar nicht vor. Ich möchte hier aber nicht tiefer darauf eingehen, denn ich habe meine eigene Vorstellung von diesen Dingen. Sie ist entstanden aus meiner langjährigen Arbeit für die geistige Welt. Ich habe unzählige Bücher zu den unterschiedlichsten Themen, aus den Bereichen Spiritualität, Esoterik, Parapsychologie, geistige Heilung usw., verschlungen. Hinzu kommen die Ausbildungen, die ich auf Bitten der geistigen Welt seit mehreren Jahren anbiete und gemeinsam mit meinen Teilnehmern mache ich immer wieder die erstaunlichsten Erfahrungen, die neue Erkenntnisse formen. Im Laufe der Zeit, bin ich zu folgendem Bild gekommen:

Das, was wir im Allgemeinen unsere „Seele" nennen, ist nicht ausschließlich „in" uns. In uns sind einzelne Aspekte unserer Seele. Unsere Gesamtseele existiert außerhalb von Zeit und Raum. Und zwar existiert sie als Energie in der geistigen, jenseitigen Welt. Von dort sind wir gekommen und dorthin kehren wir auch wieder zurück, wenn unsere Zeit gekommen ist.

Ich stelle sie mir wie einen Oktopus vor. Jeder einzelne seiner Arme, stellt ein eigenständiges Leben mit individuellen Erfahrungen dar. Da es in der Multidimensionalität keine Zeit und keinen Raum gibt, ist für mich persönlich der Ausdruck „Wiedergeburt" nicht ganz stimmig. Das lineare Denken ist das Denken der Menschen. Wir brauchen diese Denkweise jedoch, um uns hier auf der Erde orientieren zu können. In Wirklichkeit existieren die Leben einer Gesamtseele aber alle gleichzeitig an verschiedenen Orten und zu verschiedenen Zeiten. Es sind nicht wirklich frühere Leben sondern Parallelleben.

Geht eines der Leben zu Ende, gehen all seine Erfahrungen auf die Gesamtseele über und entwickeln sie so weiter. Vielleicht ist es bei Rückführungen ja so, dass man nicht in nur vergangene Leben reist, sondern sogar in Leben unserer

Gesamtseele, die parallel gelebt werden. Nur eben in einer anderen Dimension.

Jeder Seelenanteil, der in die geistige Welt zurückkehrt, hat sein eigenes Karma für das er verantwortlich ist und durch weitere Leben wieder ausgleichen muss. Erst wenn kein Karma mehr vorhanden ist, verbleibt dieser Seelenanteil bei der Gesamtseele. Wenn alle „Arme" durch verschiedene Leben gegangen sind und Karma ausgeglichen haben, verbleibt die Gesamtseele in der geistigen Welt. Dort warten neue, andere Aufgaben auf sie. Vielleicht wird sie dann zu einem Geistführer, der einen anderen Menschen auf seinem Lebensweg und bei der Erfüllung seines Lebensplans begleitet.

Was wäre, wenn wir im jetzigen Leben Zugriff auf all unsere parallelen Leben hätten? Wir würden endlich begreifen, dass wir mehr sind als wir denken. Niemand würde sich mehr limitiert fühlen oder diesem einen Leben ausgeliefert.

Wir würden verstehen, dass wir Teil von etwas ganz Großem sind und unsere Aufgabe in diesem Zusammenhang erfüllen und nichts daher sinnlos sein kann.

Übung:

Führen Sie ein Aufmerksamkeitsbuch. Oftmals können Informationen aus anderen Leben die Schwellen zwischen den Zeiten überqueren. Beispiele dafür sind die sogenannten Déjà-Vu Erlebnisse. Das Gefühl als hätte man den Moment bereits erlebt, man weiß aber genau, dass dem nicht so ist.

Oder wir werden von unerklärlichen Stimmungsschwanken oder körperlichen Schmerzen wie aus dem Nichts getroffen, ohne schlüssige psychische oder medizinische Erklärung.

Wir lernen Fremdsprachen in Rekordzeit oder fahren in Urlaub und kennen den Ort, als wären wir bereits da gewesen.

Wir treffen Menschen, die Unerklärliches in uns auslösen und wo wir eine tiefe Verbundenheit spüren, die wir nicht real erklären können.

Sehnsucht nach fernen Ländern kann die Sehnsucht nach der Heimat sein, die man in einem anderen Leben bewohnt hat.

Schreiben Sie all diese Erlebnisse auf und mit der Zeit erkennt man ein Muster. In dem Sie ihre Aufmerksamkeit auf diese Informationen lenken, werden Sie mehr und mehr diese sogenannte Synchronizität sehen, fühlen und erleben.

Oder buchen Sie eine Rückführung. Aber bitten Sie diesmal darum zu sehen, welche parallelen Leben sie gerade neben ihrem irdischen Lebensweg haben.

Michael Newton schreibt vieles über Zwischenleben und Reinkarnation. Wenn man von seinem Standpunkt ausgeht, ist dies gut und richtig.

Wenn wir aber von dem Standpunkt ausgehen, dass nur ein Aspekt der Seele inkarniert und dann zur Informationsanreicherung der Seele zurückkehrt, dann könnte dieses Zwischenleben auch die Beschreibung des Aufenthaltes in der Seele selbst sein und damit wäre es der Aufenthaltsort in der Akasha selbst.

Das Karma

Karma ist die ewige Bestätigung der menschlichen Freiheit.

Verfasser unbekannt

Jeder Mensch hat ein individuelles Karma. Karma ist der Ausdruck für ein spirituelles Konzept und bedeutet nach der klassischen Lehre des indischen Sanskrit „Tun", „Handeln", „Wort" oder „Tat".

Nach verschieden religiösen Vorstellungen ist alles, was uns in der Vergangenheit widerfahren ist und in Zukunft widerfahren wird, die Ursache für die Erlebnisse unseres augenblicklichen Daseins. Dabei kommt es nicht darauf an, ob uns etwas in diesem Leben oder in einem vergangenen Leben geschehen ist. Das Gesetz des Karmas ist eine Energiegleichung. Aufgrund des Gesetzes von Ursache und Wirkung erhalten wir die ausgesendete Energie wieder zurück. Hier wirkt das Gesetz des Ausgleichs. All diese Gesetze greifen wie die Zahnräder eines Uhrwerks ineinander. Beim Aussenden von negativer Energie werden wir demzufolge negative und beim Aussenden von positiver Energie positive Energie zurück erhalten. Eine Kette von Ursache und Wirkung, welche nie ein Ende finden wird. Dieses Gesetz wirkt sowohl auf den physischen als auch auf den geistigen Ebenen. Bei jeder Aktion erfolgt eine Reaktion, wobei die Reaktion von ähnlicher Art und gleicher Kraft sein wird. Allerdings kann die Reaktion auch zeitversetzt erfolgen. Ihr Leben ist im Vergleich zu dem gesamten Sein der Seele nur ein Bruchteil des Ganzen und dennoch wichtig als Rädchen im Getriebe. Dies nennt man „Karma".

Desweiteren spricht man auch vom „karmischen Bumerang", was so viel meint wie „alles, was ich einem anderen Wesen antue, tue ich mir selbst an". Alle unsere Handlungen, Denkstrukturen, unser Fühlen sind in der Akasha-Chronik festgehalten und werden uns als Bumerang zurückgeschickt. Vielleicht in diesem Leben, vielleicht in irgendeinem folgendem Leben. Jeder Mensch hat sein eigenes, ganz individuelles Karma. Und mit jedem Tag wird es ergänzt und mit jeder neuen Reinkarnation bekommt die Seele eine weitere Chance, die negativen Aspekte des Karmas durch ein positives und liebevolles Zugehen auf alle Lebewesen auszugleichen. Das Karma dient dazu, unsere Lebensaufgabe zu finden und uns stetig weiterzuentwickeln. So entsteht letztendlich Evolution.

Es ist dem Schicksal nicht gleichzusetzen, denn wir haben immer Einfluss auf unser Leben. Wir sind mit einem freien Willen ausgestattet und können wählen, wie wir uns in verschiedenen Situationen verhalten wollen. So haben wir uns unser Karma geschaffen. Das soll aber nicht heißen, dass wir es nicht verändern können. Nur wenn wir nicht daran arbeiten, wird es sich irgendwann zeigen und erfüllen. Es ist und bleibt unsere Wahl. Allerdings ist es nicht immer leicht herauszufinden, was zu unserem Karma gehört.

Durch den Einblick in die Akasha- Chroniken ist es uns möglich, unser Karma zu erkennen und an der Auflösung von negativen Aspekten zu arbeiten. Für unsere Entwicklung ist es ein Geschenk, in den Chroniken zu lesen und sich hier zu entdecken. In diesem Zusammenhang ist es jedoch wichtig zu erkennen, dass es notwendig ist, wirklich Verantwortung zu übernehmen und in unserem jetzigen Leben mit offenem Herzen auf andere Menschen zuzugehen und ihnen ehrlich Respekt, Wertschätzung und Anerkennung entgegen zu bringen.

Nur dann ist die Auflösung möglich und nur dann kann eine Wiedergutmachung stattfinden.

Das Göttliche will, dass wir in Liebe mit unseren Mitgeschöpfen sind und das Karma zeigt sich über das sechste hermetische Gesetz von

Ursache und Wirkung. Wir sollen erkennen, dass unser Leben mit seinen Höhen und Tiefen in unserer Verantwortung liegt und wir Einfluss nehmen können, um für uns und unserem gesamten Lebensraum Erde, eine Umgebung von Frieden und Liebe zu schaffen.

Neben dem individuellen Karma gibt es noch das Familien-, das Gruppen- und das Länderkarma. Hier verhält es sich genauso. Nur mit dem Unterschied, dass es sich eben nicht um uns als Einzelperson handelt, sondern um uns und das jeweilige soziale Gefüge, in dem wir leben. Und eben auch über die Ländergrenzen hinaus.

Übung:

Wenn Sie verstehen wollen, wie Sie sich am schnellsten von Karma und Gruppenkarma befreien können, dann schauen Sie sich an, vor welchen Erfahrungen Sie die meiste Angst haben. Unser Ego möchte in eingefahrenen Strukturen bleiben und schickt die Angst vor, damit wir nicht aus unserer Komfortzone herausfinden. Angst ist der Nebel des Bewusstseins.

Schreiben Sie sich auf, wovor sie die meiste Angst im Leben haben und dann packen Sie den inneren Krieger aus und gehen los. Ignorieren Sie ihre Angst und tun Sie das, wovor sie sich am meisten fürchten. Angst ist eine Illusion und wenn sie beginnen der Angst entgegenzugehen, wird sie mit jedem Schritt kleiner. Wenn Sie nur darüber nachdenken, wird die Angst so groß und so elementar, dass dieser Zustand sogar in Lähmung übergehen kann. Gehen Sie los und begrüßen Sie die Freiheit.

Angst überwinden heißt, die Illusion zu überwinden und das Reich der Wahrheit zu betreten. Wahrheit macht frei. Und Freiheit verleiht Ihrer Seele Flügel.

Der Seelenplan

> „Geh du zuerst", sagte die Seele zum Körper,
> „auf mich hört der Mensch nicht".
> „Ich werde krank werden, dann wird er Zeit für
> dich haben", antwortete der Körper.
>
> *Ulrich Schaffer*

Den eigenen Seelenplan zu kennen, ist vielleicht einer der begehrtesten Gründe, sich auf eine Reise zu den Akasha- Chroniken zu begeben.

Die Seele bekommt nur eine Aufgabe - Evolution und ständige Weiterentwicklung. Sie reicht durch alle Inkarnationen und stellt die Verbindung zur Seelenfamilie dar.

Zum Beispiel kann es sein, dass es Ihre Aufgabe ist, zu lehren. Ihr Seelenzweck ist, gemeinsam mit der Seelengruppe zu lehren. Hier geht es gar nicht darum, wie man lehrt und was man lehren soll. Es geht am Anfang nicht um die Inhalte, es geht erst mal darum, überhaupt zum Lehrer zu werden. Also kann eine Inkarnation sein, das Lehren aus der Sicht eines Schülers zu erleben. Eine nächste Inkarnation kann unter das Motto gestellt werden: Lerne, frei zu sprechen, und lerne, vor Menschen zu sprechen. Eine andere Lektion kann sein, schreiben zu lernen, denn Lehrstoff muss ja auch aufbereitet werden. Diese Liste lässt sich beliebig fortführen. Irgendwann werden Sie Kindergärtnerin oder Berufsschullehrerin und in einer anderen Inkarnation werden Sie Predigerin. Doch immer wieder bringen Sie Menschen etwas bei. Vielleicht ziehen Sie „nur" Ihre Kinder auf, doch auch das bedeutet, Menschen etwas beizubringen, damit sie erwachsen werden.

Einen wichtigen Hinweis auf Ihren Seelenplan können Sie sich schon selbst geben. Überlegen Sie, wo Ihre größten Talente stecken. Was sind Ihre größten Sehnsüchte? In welchen Bereichen des Lebens fühlen Sie sich am zufriedensten? Zu welchen Themen zieht es Sie immer wieder hin? Was begegnet Ihnen wiederkehrend, ohne, dass Sie dafür sorgen müssen. Wenn Sie mit größter Offenheit und vor allen Dingen mit äußerster Ehrlichkeit gegenüber sich selbst, nach Antworten zu diesen Fragen suchen, können Sie einen Querschnitt erkennen. Eine Essenz, die Ihnen schon mal die Richtung verraten kann, in die Ihr persönlicher Seelenplan weist.

Den eigenen Seelennamen aus der Akasha herauszulesen ist ebenfalls nicht ohne Bedeutung für das gesamte Leben. Wenn das Bewusstsein bereit ist, wird der Wunsch, seinen Seelennamen zu kennen, immer größer. Dann sollten Sie die Möglichkeit nutzen, in den Chroniken danach zu suchen. Das Aussprechen oder das Denken an den Seelennamen, sendet Schwingungen aus, die uns mit der göttlichen Schöpferkraft verbinden.

Dazu verbindet uns der Seelennamen mit unserer Aufgabe in diesem Leben. Als ich von einem nordamerikanischen Indianer meinen Seelennamen Amara bekam, brach meine alte Welt zusammen und ich wurde wieder mit dem Energiestrom meiner Lebensaufgabe vereint. Diese Aufgabe nehme ich bis heute wahr.

Die geistige Welt

Es ist eine reale Beziehung zwischen der geistigen Welt und der menschlichen Welt.

Rudolf Steiner

In der geistigen Welt existieren unzählige Lichtwesen wie z.B. Engel, aufgestiegene Meister, geistige Führer und die Seelen aller bisher verstorbenen Lebewesen. Sie ist reine Energie und sie ist multidimensional. Hier existieren kein Raum und keine Zeit, also keine Gegenwart, Vergangenheit und Zukunft. Alles ist gleichzeitig. Es gibt auch keine Hierarchien. Diese Vorstellungen sind ein menschliches Konstrukt, um sich in dieser Welt besser „bewegen" und vermeintlich leichter mit ihr arbeiten zu können. Die Akasha- Chronik ist ein Teil der geistigen Welt.

Durch die Multidimensionalitätist es auch möglich, Kontakt zu Verstorbenen aufzunehmen, die möglicherweise schon wieder in einem neuen Körper inkarniert sind. Wie schon beschrieben, existieren wir alle als „Gesamtseele" in der geistigen Welt und nur Anteile von uns inkarnieren wieder und wieder, um die Gesamtseele zu entwickeln, während immer auch Teile in der geistigen Welt, in unserem ursprünglichen Zuhause, verbleiben. Genau genommen, sind wir in diesem Moment auch in andern Zeiten und in anderen Orten unterwegs, um menschliche Erfahrungen zu machen. Bewusst nehmen wir dies nicht wahr, doch wundern Sie sich nicht manchmal auch, warum gerade Ihnen bestimmte Dinge widerfahren? Hier gibt es flüchtige Überschneidungen der Dimensionen und Sie spüren die Ergebnisse aus Handlungen eines anderen Teils Ihrer Gesamtseele.

All das ist auf einen gemeinsamen Nenner runter zu brechen. Alles ist Energie in unterschiedlicher Ausprägung. Auch alles, was wir in unserer Welt wahrnehmen, ist Energie.

Alles ist Licht und alles ist Information. Darüber hinaus sind auch alle Gedanken, Worte und unsere Emotionen und Gefühle Energie. Alles was wir sehen und anfassen können, hat eine langsame, eine tiefe Schwingungsfrequenz. Hier gibt es natürlich je nach Gegenstand verschiedene Grade an Schwingung und somit an Energiedichte. Gedanken und Gefühle haben eine höhere Frequenz, sind feiner.

Wir können sie nur indirekt wahrnehmen, z.B. indem der Mensch seine Gedanken in Worte formuliert und wir diese hören. Oder indem wir einem Menschen ansehen, dass er traurig oder fröhlich ist.

Um ein besseres Verständnis für die geistige Welt zu bekommen, ist es für uns nur wichtig zu wissen, dass unsere Lebenswelt eine erheblich größere Energiedichte mit tieferer Frequenz hat als die geistige Welt. Sie ist wesentlich feinstofflicher und hat eine sehr hohe Schwingungsfrequenz. Aus diesem Grund ist sie mit unseren Sinnen nicht direkt erfahrbar.

Unsere menschliche Energiefrequenz ist sehr langsam schwingend. Wir sind Partikel und die geistige Welt sind Wellen, die auf anderen Frequenzbereichen senden. Wir brauchen auf der Erde diese Frequenz, denn sonst wäre es uns nicht möglich, all das wahrzunehmen, was unsere materielle Welt uns zu bieten hat. Alles was wir wahrnehmen, schwingt langsam. Alles hat unterschiedliche Frequenzen. Manchmal schafft es die geistige Welt ohne unser bewusstes Zutun, zu uns durch zu kommen, denn auch sie wollen den Kontakt zu uns und arbeiten daran. Vielleicht haben Sie manchmal das Gefühl, es ist jemand in Ihrer Nähe oder Sie sehen oder hören etwas, wofür Sie keine eindeutige Erklärung finden können, so sehr Sie sich auch bemühen. Vielleicht ist dies dann genau der Moment, in dem der Schleier, der uns von der geistigen Welt trennt, durchlässiger wird.

Wenn Sie davon lesen oder hören, dass sich unsere Erde zurzeit im Aufstieg befindet, dann ist genau das damit gemeint. Die uns bekannte Welt vereint sich mit der geistigen Welt. Unser Bewusstsein, unsere Schwingungsfrequenz, erhöht sich. Wir wechseln in andere Dimensionen. Wir vergeistigen, werden lichtvoll. Der Aufstieg ist aber kein Automatismus sondern Arbeit, die jeder an sich selbst vornehmen muss. Dennoch beginnen sich die menschlichen Frequenzen zu verändern. Dadurch dass die Medialität wieder auf unserem Planeten erwacht, ist bereits sichtbar, in welche Richtung es gehen wird.

Dennoch gibt es Menschen, die diesen Schritt nicht gehen können. Der Grund ist Angst. Oft zerbrechen diese Menschen, weil sie es nicht schaffen, den Schritt aus der Angst in die Medialität zu gehen und anzuerkennen, dass eben auch Unsichtbares existiert und nicht nur die Welt der Materie. Der Druck auf diese Menschen wird größer. Früher oder später erfolgt dann eine Depression (pressure, engl.= Druck).

Ein zweiter Grund kann sein, dass das Bewusstsein nicht sehr weit entwickelt ist und der Mensch sich ausschließlich als Materie begreift. Dort müssen erst andere Entwicklungsschritte vollzogen werden. Daher ist auch der Aufstieg sehr individuell zu betrachten.

Lesungen aus der Akasha-Chronik können hier helfen, den Menschen schneller zu befreien.

Es ist sicher ein spannendes und lohnenswertes Erlebnis, bezüglich des Aufstiegs der Erde und der Menschheit, in der Akasha- Chronik zu lesen.

Übung:

Was steht meiner Entwicklung entgegen? Das ist eine Frage, die man mir immer wieder stellt. Wir bekommen ja nicht nur Talente und Potenzial mit auf diese Welt, sondern auch Limitierungen und Begrenzungen, die wir überwinden müssen, um zu wachsen. Wenn wir um diese wissen, können wir viel gezielter unser Leben in die Hand nehmen und aktiv die Parameter verändern.

Bei dieser Übung arbeiten wir mit einer Suggestion. Stellen Sie sich vor, es gäbe einen Raum der Limitierungen in der Akasha-Chronik. Schließen sie die Augen. Fokussieren Sie sich auf ihre Atmung bis Sie ganz ruhig sind. Dann stellen Sie sich vor, dass Sie einen langen Gang entlang gehen, ganz langsam, Schritt für Schritt und die Tür immer näher kommt. Wenn Sie vor der Tür stehen bitten Sie: „Ich möchte all meine Limitierungen und Begrenzungen sehen, die mich davon abhalten, ein freier Mensch zu werden, oder gesund zu werden, oder bewusst zu werden oder liebevoll zu werden."

Gehen Sie nur mit einem Auftrag los. Seien sie offen, wie diese Information zu Ihnen kommt. Versuchen sie nicht, Bilder zu sehen, wenn sie nicht hellsichtig sind. Die Information kann als Gefühl, Wort, akustisches Ereignis, Bild oder Wissen kommen.

Bedanken Sie sich und kehren Sie zurück. Jetzt können Sie überlegen, wie Sie mit dieser Information verfahren und wie Sie diese Limitierungen und Begrenzungen auflösen.

Heilige Geometrie

Die Mathematik ist das Alphabet, mit dem Gott die Welt geschrieben hat. Wer die Geometrie begreift, vermag in dieser Welt alles zu verstehen.

Galileo Galilei

Als bekanntestes Symbol der heiligen Geometrie gilt die „Blume des Lebens". Sie besteht aus 19 ineinander verschlungenen Kreisen, die sich bei exakter Anordnung gleichmäßig überschneiden. Sie ist auf der ganzen Welt in Tempeln, heiligen Stätten oder Pyramiden zu finden. Die vermutlich älteste Darstellung der Blume des Lebens befindet sich in Ägypten. Im Tempel von Abydos wurde sie vor ca. 6000 Jahren in Granit geritzt.

Die Blume des Lebens gilt als Symbol der Schöpfung und die kosmische Ordnung. In ihr befindet sich alles, was jemals geschaffen wurde und geschaffen wird. Sie ist Sinnbild für die Unendlichkeit und die alles durchströmende Schöpfungsenergie. Sie ist die Grundlage für alles, was existiert.

Künstler und Architekten haben sich von ihr inspirieren lassen und die Entstehung ihrer

Werke und Bauten richteten sich nach ihren mathematischen Gesetzmäßigkeiten.

Sicher haben Sie schon vom goldenen Schnitt gehört. Er geht auf die Fibonacci- Sequenz zurück und beschreibt ein bestimmtes Verhältnis zweier Größen zueinander. Zwei Strecken stehen im Verhältnis des Goldenen Schnittes, wenn sich die größere zur kleineren Strecke verhält, wie die Summe aus beiden zu der ganzen Strecke. Der goldene Schnitt ist in unzähliger Vielfalt in der Natur, in dem was sie hervorbringt, zu finden. Wahrscheinlich gilt er aus diesem Grund als ästhetisches Idealmaß und ist in Bauwerken, Bildhauereien oder Gemälden nachweisbar. Ein bekanntes Beispiel ist Da Vincis Mona Lisa oder die Cheops Pyramide.

Der goldene Schnitt kann auch auf die fünf platonischen Körper, Tetraeder, Hexaeder, Oktaeder, Dodekaeder und Ikosaeder, angewendet werden. Hier schließt sich der Kreis zur Blume des Lebens, denn sie sind alle in ihr zu finden. Der Dodekaeder repräsentiert das Element Äther und wie Sie ja schon wissen, steht der Begriff Äther für Akasha.

Auch die goldene Spirale ist hier zu finden. Wenn man Quadrate aneinander reiht, deren Seiten den Zahlen der Fibonacci- Sequenz entsprechen, entstehen Rechtecke, die, wenn man sie miteinander verbindet, eine Spirale zeigen. Auch sie lässt sich überall in der Natur finden.

Symbole senden Schwingungen an den Betrachter oder in den Raum aus. Ihre Struktur kann unseren Organismus positiv beeinflussen. Das kann über gezielte Meditationen auf ein bestimmtes Symbol gehen oder aber auch über das Tragen von Symbolen z.B. in Form von Schmuck. Mit Symbolen und deren Schwingung lässt sich auch in den Chroniken arbeiten und kann im Zusammenschluss mit Farben hoch wirksam sein. Die Wirkung beim Malen von Mandalas ist hierauf zurückzuführen.

Der Blume des Lebens spricht man vielseitige Einsatzgebiete zu. Ihre Schwingung wirkt sich positiv auf die umliegenden Energiefelder aus. Das Life- Test Institut hat der Blume des Lebens in einem Doppel- Blindversuch nachweislich eine harmonisierende und energetisch gute Wirkung bescheinigt, wenn sie als Amulett auf dem Körper getragen wird.

Es heißt auch, dass sie z.B. Wasser energetisieren kann, wenn man ein gefülltes Glas auf ein Bild mit der Blume des Lebens stellt. Wasser gilt als exzellenter Speicher für energetische Informationen. Sie ist weiterhin ein Schutzsymbol und kann Elektrosmog deutlich reduzieren und auflösen.

Übung:

Googlen Sie im Internet nach der Blume des Lebens, nach einem Bild. Drucken Sie dieses Bild aus und befestigen Sie es an der Decke über Ihrem Schlafplatz. Beobachten Sie was mit Ihnen passiert. Wenn Sie diese Erfahrung überzeugt, dann können Sie dieses Motiv auch als Wandtatoo erhalten.

Drucken Sie ein zweites Blatt aus, und laminieren Sie dieses ein oder stecken es in einen Gefrierbeutel mit Zippverschluss und stellen dieses in den Kühlschrank oder kleben Sie es an die innere Kühlschrankdecke. All Ihre Nahrungsmittel erhalten eine neue Qualität.

Oder sie malen die Blume des Lebens auf schmerzhafte Körperstellen auf. Sie können diese auch ausdrucken und mit einem Verband befestigen. Fühlen Sie dabei genau in sich, was sich verändert, dann trainieren sie gleichzeitig ihr energetisches Einfühlungsvermögen.

Masuro Emoto hat sichtbar gemacht, wie diese Blume wirkt. Wenn Sie mehr darüber erfahren möchten, lesen Sie die Bücher von Masuro Emoto oder googlen Sie im Internet.

Numerologie

Die Zahl ist das Wesen aller Dinge.

Pythagoras

Mit der Numerologie ist es wie mit der heiligen Geometrie. Allerdings geht es hier nicht um Symbole sondern, wie der Name vermuten lässt, um Zahlen. WieSymbole, senden auch Zahlen bestimmte Schwingungen aus. Je nach Form und Klang, können sie Einfluss auf den Menschen nehmen und unharmonische Schwingungen wieder zum Normzustand zurückführen. Und zwar auf verschiedenen Ebenen.

Es gibt unterschiedliche Möglichkeiten, mit den Zahlen zu arbeiten. Die Zahlen 1-9 haben besondere Eigenschaften und jeder einzelnen Zahl wird eine besondere Bedeutung und eine Grundenergie zugeschrieben. Man kann sich seine Geburtszahl errechnen und aus dem Ergebnis ableiten, wo unsere Stärken und Schwächen liegen. Dasselbe gilt für die Anwendung des „Tiroler Zahlenrad", das auf jahrhundertealtes Wissen aufgebaut ist.

Man kann durch ein bestimmtes Vorgehen aus Worten Zahlen ermitteln, mit denen sich dann arbeiten lässt.

Einer der wichtigsten Vertreter der Arbeit mit Zahlen ist wohl Grigori Grabovoi. Er ist ein russischer Geistheiler und Wissenschaftler. Er empfing nach eigenen Angaben von der Schöpfung und mit Hilfe seiner Hellsichtigkeit über tausend Zahlenkombinationen und geistige Technologien, mit denen es möglich sein kann, die Gesundheit auch bei hoffnungslosen Diagnosen wieder herzustellen. Sogar Organe sollen sich regenerieren lassen.

Bei seiner Lehre geht es aber auch um die Harmonisierung mit sich selbst, seiner Umwelt und des gesamten Universums. Er nennt das die „Steuerung der Realität mit Hilfe der Seele, des Geistes und des Bewusstseins".

Durch gesetzte Intentionen, Visualisierungen und meditative Techniken werden die Zahlenreihen zur Anwendung gebracht.

Im Zusammenspiel mit dem Lesen in der Akasha- Chronik lässt sich hier sicherlich viel erreichen. Auf allen Ebenen des Lebens.

Grigori Grabovoi ist mit Sicherheit einer der wenigen Menschen auf dieser Erde, der glasklar die Strukturen der Wirklichkeit in der Akasha

Chronik lesen kann. Und wie immer, sind diese Menschen natürlich umstritten, da ihr Gedankengut oft ketzerisch anmutet. Die Inquisition gibt es offiziell nicht mehr, denn sie hat ihren Titel verändert und nennt sich nun „Heilige Kongregation für die Glaubenslehre." Ihr Aufgabengebiet ist immer noch dasselbe, nur die Methoden sind subtiler geworden. Mein Vorschlag ist: Nehmen Sie sich all das an Information heraus, was sich in Ihrer eigenen Erfahrungswelt als richtig erweist, alles andere schieben Sie in die Schublade mit dem Titel: noch zu überprüfen. So bleiben Sie offen und müssen nicht alles in Bausch und Bogen verurteilen.

Ihr ganzes Leben besteht aus Zahlen. Sie sind beispielsweise an einem 13.04.1966 geboren um 3.04 Uhr auf einem bestimmten Breitengrad. Sie haben 3 Kinder und leben in einer ganz bestimmten Hausnummer. Das sind keine Zufälle, sondern Informationen mit einer Bedeutung. Sie können natürlich auch die Numerologie befragen, aber die besseren und stimmigeren Auskünfte erhält man in der Chronik.

Jede Zahl steht für einen geistigen Zustand und Prozess:

1 Anfang

2 Handlung

3 Ergebnis

4 Wechselwirkung mit der äußerlichen Realität

5 innere Realitäten, Zellebene

6 die Plattform, der Aspekt der Entwicklung der Seele

7 Kraft der Liebe

8 Zeit

9 Zahl des Schöpfers, die alle vorherigen Elemente beinhaltet

0 Die Null ist eine besondere Struktur. Sie bezeichnet einen speziellen Raum, wenn eine Zahl ihre Qualität verändert. (Nullraum)

Um das einmal an einem konkreten Beispiel zu verdeutlichen: Unser altes Seminarhaus im Westerwald hatte die Hausnummer 0.

Das ist die Zahl der Welle, einfach ausgedrückt der unsichtbare Raum. Nun sollte dieses Seminarhaus seit über 15 Jahren vom Eigentümer verkauft werden und niemand fand die Anzeige.

Wir selbst hatten unglaubliche Ideen dort und Erfahrungen mit dem Unsichtbaren.

Nun sind wir in den Norden gezogen und wir haben die Hausnummer 10. Erst jetzt können wir diese Ideen in einen Anfang überführen und damit erscheinen sie auf einmal alle als Partikel in der Wirklichkeit und wir können sie jetzt nach und nach zur Vollendung bringen. Dieses Buch ist ein Beispiel dafür. Es schmorte, zu 70% geschrieben in den Tiefen meines Computers. Erst jetzt an dem neuen Ort können die Dinge in die Realität überführt werden.

Übung:

Begeben Sie sich in einen meditativen Zustand und entspannen Sie ihren Körper. Wenn Sie tief genug entspannt sind, bitten Sie die geistige Welt um Auskunft, warum Sie beispielsweise an einem 13. Tag eines Monats geboren wurden und was das für Sie bedeutet.

Lassen Sie die Frage dann los und gehen wieder zurück in die Entspannung. Stellen Sie sich vor, dass ein Aufzug Sie in die Etage bringt, wo Sie eine Antwort bekommen. Sei es, das dort ein Buch aufgeschlagen liegt oder ein geistiger Führer Sie willkommen heißt und Ihnen die Antwort verdeutlicht. Bedanken Sie sich und gehen dann den gleichen Weg wieder zurück.

Mantren

Kein Mantra arbeitet so tief, wie die Augenblicke nackten Gewahrseins.

Buddhistische Weisheit

Mantra kommt aus dem Sanskrit und heißt so viel wie „Spruch" oder „Lied".

Auch Mantren wirken auf Schwingungsebene. Einzelne Worte, Silben, Sätze oder ganze Verse werden durch rezitieren oder singen in Schwingungen versetzt und verhelfen so dem Anwender in eine bestimmte Geisteshaltung zu gelangen. Inder Welt der Magie, nennen wir dieses Rezitieren Evokation oder Invokation.

Dabei ruft eine Evocatio etwas Göttliches in den Raum herbei und bei der Invocatio rufen wir eine geistige Präsenz in den Körper. Channeln bedient sich zum Teil dieser Technik. Da aber leider viele keine magische Ausbildung haben, wird dies nicht immer richtig verstanden. Der Magier will damit eine ganz bestimmte Schwingung herbeirufen, in der dann sein Körper schwingt, um sein Resonanzfeld zu verändern. Damit kann er den Raum neu strukturieren und seine Realität aktiv beeinflussen.

Das gelingt dadurch, dass die Mantren aus bestimmten Keimsilben bestehen, denen eine bestimmte Bedeutung und Funktion zugeordnet ist. Dazu kommen Grundaussagen oder auch Namen von Gurus oder Buddhas. Man kann auch die Engelnamen anrufen oder die 72 Namen Gottes anrufen.

Allen bekannt ist sicherlich der Urlaut OM. Er wird als AUM ausgesprochen und enthält die gesamte Bandbreite der menschlichen Intonation. Er entsteht hinten im Mund mit A geht durch das U und endet mit geschlossenen Lippen mit M. Das A steht für den Anfang, das U für den Fortschritt und das M für die Auflösung. Dieser Laut steht für das Göttliche; die Schöpfung, die Entwicklung und die Auflösung.

Die Rezitation des Urlautes OM bringt durch die Resonanzschwingungen den Schöpfungsklang in unserem Bewusstsein hervor. Wir erwecken so die göttliche Kraft in unserem Herzen. So entsteht Herzkohärenz, die wir dringend brauchen wenn wir als Medium ethisch in den Chroniken für Andere arbeiten wollen. Ohne Herzkohärenz können wir zum Beispiel kaum energetische Strukturen verändern. Doc Childre hat diesen Zustand Herzintelligenz genannt und das Heart- Math- Institut hat viel Forschungsarbeit in diesem Bereich geleistet.

Warum erzähle ich Ihnen das? Nun, es reicht eben nicht nur in den Chroniken lesen zu können. Es bedarf deutlich mehr, wenn man als Medium in der Welt der Akasha arbeiten will und in einem Seminar lassen sich Fragen einfach direkt klären und abhandeln und Limitierungen auflösen.

Akasha- Medium werden ist ein sehr individueller Prozess. Wir müssen unsere ganze Schwingung sehr schnell verändern können, um in diese feinstofflichen Bereiche zu gehen. Das Rezitieren von Mantren kann uns hier helfen, indem wir unsere Schwingung neu konditionieren. Wenn wir dies oft genug tun, reicht eventuell das Denken an ein Mantra aus, um uns in den gewünschten Schwingungszustand zu begeben.

Das Lesen in den Akasha-Chroniken

Das Lesen in den Akasha- Chroniken

Wer zu lesen versteht, besitzt den Schlüssel zu großen Taten, zu unerträumten Möglichkeiten.

Aldous Huxley

Über die Möglichkeit in den Akasha- Chroniken zu lesen und einen Zugang dorthin zu bekommen, gibt es verschieden Ansichten.

Einige gehen davon aus, dass nur Auserwählten und/oder Eingeweihten ein echter Zugang gewährt wird. Meine persönliche Erfahrung zeigt mir etwas anderes. Grundsätzlich ist jeder Mensch in der Lage, in den Akasha- Chroniken zu lesen. Allerdings können meine Schüler ein Lied von dem singen, was ich als essentiell erachte, nämlich diszipliniertes Üben, Üben und Üben. Natürlich bleibt es jedem selbst überlassen, mit wie viel persönlichem Engagement und Zeit man sich dem Thema widmet. Aber ich kann Ihnen versprechen, dass es Ihr Leben verändern wird und Sie großartige Erkenntnisse haben werden, wenn Sie sich dieses zu Herzen nehmen.

Die geistige Welt verwehrt niemandem den Zugang, es sind immer nur wir selbst, die wir uns begrenzen und uns den Weg dorthin erschweren. Es scheint nur, als würden die Hüter der Akasha uns den Zugang untersagen, doch sind wir es, die noch nicht ausreichend dafür gesorgt haben, die Hüter von unseren Absichten und Fähigkeiten zu überzeugen. Dies geschieht durch vielerlei Dinge. Manchmal sind es tiefsitzende Glaubenssätze, die uns daran hindern. Wenig Selbstvertrauen in die eigenen Fähigkeiten und in die eigene Kraft, blockieren uns. Oft ist der Wunsch sehr groß, aber die Hellsinne und die medialen Fähigkeiten sind noch nicht ausreichend trainiert.

Es kommt auch immer auf die Absichten an, mit denen ein Mensch um Einsicht in die Chroniken bittet. Soll das Lesen in den Chroniken nur dazu dienen über andere Menschen zu urteilen, sie zu beeinflussen oder ihnen sogar zu schaden, wird es kaum einen Zugang geben. Das Herz sollte offen sein, mit dem echten Wunsch, seinen Mitmenschen, der geistigen Welt und letztendlich auch sich selbst hilfreich zu sein.

Um in den Chroniken lesen zu können, muss man lernen, sein Ego, also seinen Verstand und die Gedanken nahezu auszuschalten und sich völlig leer zu machen. Dies erreicht man z.B. durch Mediation. Die Hellsinne müssen trainiert werden, denn durch die Hellsinne bekommen wir die Informationen, die wir brauchen. Je ausgebildeter und reiner die Hellsinne sind, desto klarer werden die Botschaften und Informationen.

Rudolf Steiner sagt während eines Vortrages in Berlin, 1904 dazu: „Das Lesen in der Akasha-Chronik erfordert das Opfer des Intellekts'".

Er meint damit, dass es für ein erfolgreiches Lesen in den Chroniken notwendig ist, nicht sein Denken vollständig auszuschalten sondern seine Gedanken nicht zu verbinden und sie den Wesenheiten, den Meistern, zur Verfügung zu stellen. Von ihnen würden wir die Anweisungen erhalten, wie in den Chroniken zu lesen ist. Sie seien geschrieben in Zeichen und Symbolen und es gelte, diese zu entschlüsseln.

Der „Leser" sollte es den Wesenheiten überlassen, die Gedanken, die kommen zusammenzusetzen. Er sollte darauf verzichten, zu urteilen und zu bewerten. Nur dann könne der Weltengeist zu einem sprechen und Auskunft geben über Ereignisse und Tatsachen der Geschichte.

Er vergleicht das mit der Hingabe eines Mönches im Mittelalter. Die Mönche haben das Opfer des Intellekts gebracht. Sie hatten eine heilige Wissenschaft, eine heilige Theologie, über die sie nicht zu werten hatten und auch nicht wollten.

Der Inhalt war einfach gegeben und genauso anzunehmen. Eine Beurteilung mit damaligen, modernen Begrifflichkeiten, ob diese Haltung nun etwas Verwerfliches oder nicht ist, ließ er dahingestellt. Er war aber der Ansicht, dass das Opfer, das die Mönche brachten, nämlich die Ausschaltung vom persönlichen Ich, dazu führte, dass die Gedanken in den Dienst von höheren Wesen gestellt wurden.

Ich bin der Meinung, dass es aus heutiger Sicht darum geht, sich in Demut und Liebe der geistigen Welt zu öffnen, sich zu leeren und alles aufzunehmen was kommt, wenn man in den Chroniken liest. Dann sollte geschaut werden, wie die Informationen zum eigenen Leben passen und was daraus gelernt werden kann.

Medialität, Sensitivität, Übersinnlichkeit

Nur durch das Tor der Sinne zieht die Welt in das Gemüt des Menschen ein.

William Thierry Preyer

Wenn von Medialität gesprochen wird, so sind es oft unterschiedliche Sichtweisen, die zum Tragen kommen und manchmal findet eine Verwechslung oder Gleichsetzung mit den Begriffen Sensitivität und Übersinnlichkeit statt.

Von Sensitivität spricht man, wenn es um die Wahrnehmungsfähigkeit geht. Es ist ein Sammelbegriff für unsere Fähigkeit, bestimmte Stimmungen bei uns selbst, bei anderen Menschen oder in Räumlichkeiten zu erspüren. Auch zählen hierzu die Reize, die unsere Sinne an unser Gehirn weiterleiten. Die Sensitivität ist bei jedem Menschen vorhanden, mehr oder weniger stark ausgeprägt.

Übersinnlichkeit hat mit dem Einsatz unserer Hellsinne zu tun. Unsere Hellsinne sind:

- Hellsehen
- Hellhören
- Hellriechen

- Hellschmecken
- Hellfühlen
- Hellwissen

Diese Sinne verwenden nicht unsere körperlichen Attribute, wie z.B. Augen und Ohren, sondern arbeiten völlig anders.

Zum Beispiel wird beim Hellsehen nicht unser materielles Auge verwendet sondern unser drittes Auge. Es ist feinstofflich zwischen unseren Augenbrauen lokalisiert und dehnt sich bis zur Mitte der Stirn aus. Bei ausreichender Übung, lässt es uns innere Bilder wahrnehmen. Genauso verhält es sich mit den anderen Hellsinnen. Es sind, je nach Entwicklung, mehr oder weniger deutliche Wahrnehmungen möglich, doch es gilt, diese erst als eine Art Fremdsprache zu erlernen. Unbewusst nutzen wir alle diese Sinne tagtäglich. Gemeinsam formen sie unsere Intuition, wobei die einzelnen Sinne unterschiedlich stark ausgeprägt sind.

Im Alltag merken wir meist gar nicht, dass wir uns auch von ihnen leiten lassen. Wenn wir jedoch lernen, diese Sinne zu schulen und deren „Sprache" zu verstehen, sind wir in der Erfassung unserer Umwelt, um ein Vielfaches genauer und nehmen sie umfangreicher als bisher, wahr.

Mit den Hellsinnen ist es uns möglich, in den bereits erwähnten morphogenetischen Feldern zu lesen. Hier können wir mehr über unsere Vergangenheit und unsere Gegenwarterfahren. Wenn wir einem anderen Menschen ein Reading geben, sind wir in der Lage, ihm auf seinem Wegwertvolle Hinweise zur Klärung einer Lebenssituation zu geben. Alle Ereignisse im bisherigen Leben eines Menschen prägen sich in sein persönliches Feld ein. Je nach Intensität der Erlebnisse, unterschiedlich stark. Sind unsere Hellsinne ausreichend entwickelt, helfen sie uns, diese Erlebnisse „auszulesen" und der Person, die vor uns sitzt, mitzuteilen. Vorausgesetzt, wir haben gelernt, die Sprache unserer Sinne so zu übersetzen, dass diese Person sie verstehen kann.

Eine mögliche Übung zur Weiterentwicklung des Hellsehens aus unserem „Akasha- Chronik-Fernstudium", möchte ich Ihnen an dieser Stelle nicht vorenthalten.

Übung:

Bitte setzen Sie sich gemütlich in einen Sessel. Schalten Sie alle umliegenden Geräuschquellen aus und sorgen Sie bitte auch dafür, dass Sie nicht gestört werden (z. B. durch das Telefon oder die Türglocke).

Jetzt denken Sie an einen Menschen, den Sie besonders gerne haben. Nachdem Sie sich gedanklich mit ihm verbunden haben, bitte ich Sie, sich diese Person vorzustellen.

Bitte nicht nur oberflächlich vorstellen, sondern mit jeder Einzelheit. Was für eine Augenfarbe hat sie/er? Wie stehen die Augen zueinander? Welche Gesichtsform hat er/sie? Wie ist die Nase geformt? Welche Form haben die Ohren? Stehen sie vom Gesicht ab oder liegen sie an? Wie sind die Lippen geschwungen? Sind sie schmal? Welchen Gesichtsausdruck verbinden Sie mit der Person? Welche Haarfarbe? Wie liegt die Frisur? Welche Hautfarbe? Wie sind die Hautverhältnisse? Wie sind die Finger geformt? Wie sind die Fingernägel geformt? Sind die Fingernägel kurz geschnitten? Sind sie sauber? Trägt sie/er Schmuck? Wo trägt er/sie Schmuck? Was für eine Art von Schmuck ist es? Ist es immer derselbe Schmuck? Wie sind die Arme und Beine (falls Sie diese ohne Kleidungsstücke kennen) geformt? Sind sie behaart? Wie sieht der Bauch und Brustbereich aus? Welche Figur hat die Person? Was für Kleidung trägt die Person meistens? Welche Schuhe hat die Person meistens an? Welche Gangart hat die Person? Benötigt er/sie Hilfsmittel (Brille, Hörgerät)? Sind alle Gliedmaßen vorhanden?

Das ist nur ein Bruchteil von Fragen, die Sie sich stellen können, damit Sie die Person vor Ihren inneren Augen sehen. Sicherlich fallen Ihnen noch viel, viel mehr Fragen ein oder Sie sehen bestimmt viel mehr von der Person vor Ihrem inneren Auge, obwohl Sie dazu keine innerliche Frage gestellt haben!

Herzlichen Glückwunsch! Sie haben Ihr erstes „Hellsehen" erlebt. Es war der allererste Schritt!

Falls das innere Bild für Sie zu ungenau war, bitte ich Sie, es als Chance für weitere Übungen zu verwenden.

Bekanntlich heißt es ja, dass wenn der erste Schritt gemacht ist, bald der zweite Schritt folgt und schon ist der Weg geebnet!

Eine andere Übung, die sogar noch weniger Zeit und weniger Konzentration benötigt, können Sie in Ihr Alltagsleben einbauen. Dies ist die Vorstellungskraft, welche Sie auf viele Gegebenheiten übertragen können. Stellen Sie sich zum Beispiel vor, wie eine Person gekleidet ist, mit der Sie verabredet sind.

Auch wenn Sie jetzt denken, das kann ich ja eh nicht, bitte ich Sie, sich darauf einzulassen und es zu versuchen. Auch schon andere Personen, die gesagt haben, dass Sie es nicht schaffen, haben es mit der notwendigen Disziplin und der dazugehörigen Portion Willen letztendlich doch „gesehen".

Bei mir ist es mittlerweile zur Angewohnheit geworden, während einer Autofahrt innerlich zu „raten", ob eine Frau oder ein Mann am Steuer des Autos sitzt, das ich überhole.

Die Medialität unterscheidet sich von der Übersinnlichkeit nur von einem einzigen, aber wichtigen, Aspekt. In der Medialität lesen wir nicht in den morphogenetischen Feldern, sondern es sind immer geistige Wesen in dem Prozess involviert. Medialität findet immer durch einen Kommunikator auf der einen Seite und dem Medium auf der anderen Seite statt. Wer nun meint, er bräuchte seine Hellsinne dann ja nicht, denn er möchte ja ausschließlich mit der geistigen Welt arbeiten, der irrt sich. Unterentwickelte Hellsinne machen es der geistigen Welt nahezu unmöglich, mit uns zu kommunizieren. Die Hellsinne sind unsere Kanäle, über die die Informationen, die wir erhalten sollen, übermittelt werden. Sie müssen also gut trainiert und rein gehalten werden, damit die Botschaften klar bei uns ankommen können.

Die geistige Welt arbeitet hier mit Bildern, Symbolen, einzelnen Worten, Gefühlen, Geräuschen und Tönen, Gerüchen und sogar mit Geschmack. Sie sehen, all diese Wege der Übermittlung betreffen unsere Hellsinne umfassend. Je nach Ausbildung der einzelnen Sinne des medial Arbeitenden, werden auch einzelne Sinne vorrangig genutzt. Natürlich ist es in der Medialität ebenfalls so, dass wir uns erst in die Lage versetzen müssen, diese Form der Informationsübermittlung in uns bekannte Worte zu übersetzen. Und zwar so, dass unserer Klient oder auch wir selbst sie verstehen und in unserer Lebenssituation positiv einbringen können.

Der einzige Sinn, der sich nicht trainieren lässt, ist das Hellwissen. Beim Hellwissen sind einzelne Worte oder Hinweise einfach da. Man weiß einfach, ohne sagen zu können, woher.

Meditation

Wenn Du der Stille gewahr wirst, dann ist da sofort ein Zustand von stiller Wachsamkeit. Du bist präsent. Du bist aus einer kollektiven menschlichen Konditionierung von Tausenden von Jahren ausgestiegen.

Eckhart Tolle

Der Begriff Meditation stammt aus dem lateinischen und bedeutet so viel wie „nachdenken, nachsinnen".

Der Ursprung der Meditation liegt wahrscheinlich im fernen Osten. Es heißt, vor ca. 4000 Jahren sind die Indoarier aus Nordafghanistan in Indien eingewandert. Es entwickelte sich neben dem Christentum und dem Islam die drittgrößte Religion, der Hinduismus. In der Entwicklung des Hinduismus, wird die Entstehung der Meditation vermutet. Im Laufe der Zeit wurde sie durch religiöse Meister in andere Länder gebracht und verbreitet. Diese wiederum entwickelten sie nach eigenen religiösen Konzepten und Ansichten weiter und so entstanden verschieden Arten der Meditation.

Es gibt unterschiedliche Intentionen, warum jemand beginnt zu meditieren und genauso viele unterschiedliche Arten der Meditation gibt es auch. Achtsamkeits- und Einsichtsmeditation, Konzentrationsmeditation oder Transzendentale Meditation sind nur einige dieser Möglichkeiten.

Für uns, als medial arbeitende Menschen, ist es von besonderer Wichtigkeit, regelmäßig zu meditieren. Dass die Meditation eine positive Wirkung auf Körper und Geist hat, ist mittlerweile wissenschaftlich bewiesen, doch für uns spielt noch ein anderer Aspekt eine wesentliche Rolle. Dies ist die Erhöhung unserer Energiefrequenz.

Die geistige Welt ist nicht irgendwo an einem anderen Ort unseres Universums. Die geistige Welt ist überall. Sie ist in allem was wir sehen, hören, fühlen und anfassen können. Sie ist direkt bei uns. Aber eben in einer anderen Dimension. Vielleicht kann man sie sich leicht verschoben, neben uns, vorstellen. Aber um sie zu erfahren, müssen wir unsere Frequenz auf ihre einstellen.

In der Ausbildung zum Medium nach britischem Vorbild spricht man bei dieser Art der Meditation vom „Sitting in the Power". Hier sitzt man in der Präsenz einer geistigen Wesenheit, z.B. seines Geistführers. Es geht nicht nur darum sich zu entspannen und ruhig zu atmen.

Vielmehr geht es bei dieser Meditation darum, dass der „Sitter" es der geistigen Welt ermöglicht, an ihm zu arbeiten, Stück für Stück seine Energie anzuheben und seine Schwingungsfrequenz zu erhöhen.

Wenn auf diese Art und Weise regelmäßig meditiert wird, wird es wesentlich leichter sein, einen stabilen Kontakt zur geistigen Welt, und somit auch zu den Akasha- Chroniken, herzustellen. Nur wer genug Kraft hat, die Energie aufrecht zu erhalten, wird umfangreich in den Chroniken lesen können.

Womit wir wieder bei der Aussage wären, die ich meinen Schülern immer gern mitgebe: Üben, üben, üben. Nur so wird sich auf Dauer Erfolg einstellen und ein Akasha- Chronik- Reading inhaltlich gehaltvoll sein.

Mit diesem Buch bekommen Sie einen Gratis-Download der Akasha-Chronik Meditation. Diesen Link finden Sie hier:

http://www.mediumausbildung.de/akasha-chronik-meditation

Dieser Zugang ist exklusiv für die Leser meines Buches und darf nicht weitergegeben werden.

Das geistige Team

Man muss die Menschen so belehren, als ob man sie nicht belehrte, und unbekannte Dinge vortragen, als seien sie nur vergessen.

Alexander Pope

Es ist von großem Vorteil, wenn jemand, der medial arbeitet, sein geistiges Team kennt.

Wie wir nun schon erfahren haben, existieren in der geistigen Welt viele verschiedene Lichtwesen. Das reicht von Devas über Engel, geistige Führer bis hin zu Verstorbenen, um nur einige wenige zu nennen. Jeder Menschhat einen Geistführer, gleichgültig ob es uns nun bewusst ist oder nicht. Er hat es sich zur Aufgabe gemacht uns, solange wir leben, zur Seite zustehen. Wie die aufgestiegenen Meisterhaben auch die Geistführer einmal auf dieser Erde gelebt und wissen um die möglichen Widrigkeiten, mit denen wir konfrontiert werden können. Sie sind ständig mit unserem Geiste verbunden und begleiten jeden unserer Schritte. Unser Geistführer weiß über unsere individuelle Lebensaufgabe Bescheid und versucht, uns darin zu unterstützen, diese zu erkennen und zu erfüllen. Dadurch wird es uns ermöglicht, uns weiterzuentwickeln, bis es nicht mehr nötig ist zu inkarnieren und wir in der jenseitigen Welt bleiben können. Dann können wir z.B. selbst Geistführer werden.

Niemals wird er uns verurteilen für das, was wir sind oder für das, was wir machen. Er liebt uns bedingungslos und versucht, uns Hinweise zu geben, die uns auf unseren Weg zurückführen sollen, wenn wir ihn mal links oder rechts verlassen haben. Auch wird er uns auch niemals eine Entscheidung abnehmen, denn es ist unserer eigene Aufgabe, unser Karma zu bereinigen. Nur so kann persönliche Entwicklung stattfinden. Manchmal treffen wir intuitiv eine Entscheidung, bei der wir hinterher merken, dass es so genau richtig war. Möglicherweise hat uns hier unser Geistführer dazu verholfen, ohne, dass wir es bemerkt haben.

Da nicht jeder Mensch in gleichem Maße entwickelte Hellsinne hat, kann eben auch nicht jeder seine Präsenz in gleicher Intensität spüren. Folglich ist es unserem Geistführer auch nicht immer möglich, zu uns durchzudringen und uns mit Rat zur Seite zu stehen. Wir müssen an ihn glauben und es lernen, ihn verlässlich zu spüren. So ermöglichen wir es ihm, uns zu unterstützen.

Auch er will von uns geliebt und mit Achtung und Respekt behandelt werden. Das Geben und

Nehmen muss sich die Waage halten. Es ist wichtig, dass wenn wir mit der geistigen Welt in Kontakt treten, gleichgültig aus welchem Grund, wir uns immer mit einem aufrichtigem „Danke" wieder von ihr verabschieden.

Neben unserem Geistführer können wir noch Hilfe von unserem geistigen Team bekommen. Es besteht aus unterschiedlich vielen Lichtwesen mit individuellen Fähigkeiten und Wissen zu verschiedenen Themen. Je nach dem, was dieses Wesen in seinem irdischen Leben war und wie er es gelebt hat, sind auch seine Möglichkeiten in der geistigen Welt vorherrschend. Jemand der z.B. Chirurg war, wird als Mitglied eines geistigen Teams vorrangig Menschen unterstützen, die auf gesundheitlichem Gebiet tätig sein wollen. Vielleicht werden sie bei Tranceheilungen, durch das Medium, beim Klienten chirurgische Eingriffe im feinstofflichen Bereich vornehmen. Anhängig davon, was der Einzelne sich auf seinem Lebensweg vornimmt und in welche Richtung er sich entwickeln möchte, setzt sich sein geistiges Team zusammen.

Ihr Geistführer und ihr geistiges Team können Ihnen helfen, wenn Sie in den Akasha-Chroniken lesen wollen. Sie können Sie auf Ihrem Weg dorthin begleiten und Sie dabei unterstützen, sicher zu werden. Ganz gleich, ob Sie nur für Sie selbst oder auch für andere Menschen Akasha besuchen.

Channeling

Eine Wesenheit der Güte würde kein Medium benutzen,
um sich selbst zu channeln. Es würde eher mit dir verschmelzen,
so dass du nun seine Qualitäten übertragen bekommst für deinen Gebrauch. Also entweder du bist in den Händen des Geistes oder
die Qualitäten des Geistes sind in deinen Händen.

John de Ruiter

Ein weiterer möglicher Weg zur Akasha ist das Channeln.

Channel bedeutet im deutschen Sprachgebrauch Kanal. Ein Channel- Medium stellt sich also als Kanal zur Verfügung. Doch für wen oder was? Beim Channeln handelt es sich um einen medialen Vorgang. Es sind also immer geistige Wesen, die das Medium als Kanal nutzen, um Botschaften aus der geistige Welt zu überbringen, anwesend. Oder um Antworten für den Fragesteller zu geben. Dies kann in Worten, Bildern oder auch Symbolen erfolgen. Die Person, für die gechannelt wird, wird diese Symbole und Bilder für sich entschlüsseln und deuten können, auch wenn sie für das Medium selbst, keine Bedeutung zu haben scheinen. Die Wesen, die durch das Medium sprechen, können z.B. Verstorbene, aufgestiegene Meister oder auch Engel sein.

Zum Channeln begibt man sich tief ins Innere des eigenen heiligen Raumes und baut die Verbindung auf. Man versetzt sich in eine aufnahmebereite Trance. Ein gutes Channel- Medium ist in der Lage, das eigene Ego runterzufahren, um durchlässig zu sein, für die Botschaften aus der geistigen Welt. Je weniger Eigenanteile das Medium in die Botschaften einfließen lassen kann, desto reiner und sauberer werden die Durchgaben sein. Diese Durchgaben sind stets unglaublich gehaltvoll und geben den Ratsuchenden oft Trost und Verständnis.

In der geistigen Welt herrscht die reine Liebe, es gibt keine Bewertungen in gut oder schlecht.

Wie immer, wenn mit der geistigen Welt gearbeitet wird, ist es wichtig, in Demut und Hingabe zu sein. Die dort lebenden Wesen bringen uns Respekt, Anerkennung und die wahrhaftige Liebe entgegen. Sie verdienen es, von uns ebenfalls so behandelt zu werden. Nicht zuletzt wirkt auch hier das Gesetz der Resonanz. Wer mit negativen Absichten oder Gefühlen in die geistigen Sphären vordringt, wird sich nicht wundern dürfen, wenn genau diese zu ihm zurückkommen. In der geistigen Welt gibt es nicht nur lichte und den Menschen zugewandte Wesen.

Und manchmal bekommt man Bilder, die uns an eher unangenehme Ereignisse aus der Vergangenheit erinnern.

Es ist also sinnvoll, sich nicht einfach nur aus Zeitvertreib und Jux mit dem aktiven Channeln zu beschäftigen. Wer ernsthaftes Interesse hat, das Channeln zu erlernen, sollte sich unter die Fittiche eines erfahrenen Mediums begeben. Nur so ist gewährleistet, dass alle wesentlichen Aspekte Berücksichtigung finden und man gerade in der Anfangszeit Unsicherheiten und unangenehme Momente nicht allein durchlaufen muss. Außerdem haben auch die Wesenheiten ein Recht darauf, respektvoll behandelt zu werden. Ich denke, sie sind nicht zu unserer Belustigung da, auch wenn es durchaus möglich ist, mit Spaß und Lockerheit zu channeln. Ein entspanntes, lockeres Grundgefühl erhöht die Energiebildung enorm.

Die Hellsinne sollten ebenfalls gut trainiert und ausgebildet sein. Es gilt wieder, je reiner und sauberer die Hellsinne, desto reiner und sauberer die Durchgaben. Das Vertrauen in sich selbst und die disziplinierte Übung machen hier wieder den Meister.

Übung:

Schließen Sie die Augen und begeben Sie sich in einen entspannten Zustand. Ihre Intention ist es, die geistige Welt zu bitten, Ihnen eine Frage zu beantworten:

„Ich möchte spüren, wie es sich anfühlt, wenn jemand aus der reinen Welt Gottes durch mich als Kanal sprechen möchte?"

Setzen Sie sich ein einen Sessel mit Lehne. Sie können ganz, ganz leise meditative Musik laufen lassen. Ein Verstärker könnte sein, die Vorhänge zuzuziehen und im Halbdunkeln zu sitzen.

Machen Sie sich leer und bitten Sie die geistige Welt, wenn Sie wirklich entspannt sind, näher zu treten und bitten Sie darum, diese Präsenz erfühlen zu dürfen. Mögliche Wahrnehmungen können Atemprobleme, Druck im Kehlkopfbereich, Kühle oder ein Luftzug sein. Das Herz beginnt schneller zu schlagen. Ihnen wird kalt oder heiß.

Halten Sie diese Erfahrung so lange aus wie Sie können. Bedanken Sie sich und gehen dann zurück.

Beim nächsten Mal versuchen Sie in die Kommunikation zu gehen oder wahrzunehmen, wer da durch Sie sprechen möchte.

Trance

Erlebnisse und Trance sind nützlich, wenn es darum geht, das Wesen zu öffnen und vorzubereiten, aber die Verwirklichung ist erst dann in wahren Sinne unser Besitz, wenn sie im wachen Zustand dauerhaft geworden ist.

Sri Aurobindo

Edgar Cayce hat ausschließlich in Trance die Akasha- Chroniken besucht und in ihnen gelesen.

Die Trance ist ein veränderter Bewusstseinszustand der willentlich hervorgerufen werden kann. Hierbei wird das Gehirn in eine andere Schwingung versetzt. Allerdings ist es nur den wenigstens Menschen von der Schöpfung mit in dieses Leben gegeben worden, sich ohne Ausbildung in Trance zu begeben. Alle anderen müssen es diszipliniert erlernen und trainieren, um dies zu erreichen. Wobei ich hier nicht von „Alltagstrance" spreche, wo einem plötzlich auffällt, dass man gar nichts von dem Weg mitbekommen hat, den man gerade mit dem Auto zurückgelegt hat. Solche oder ähnliche Moment kennt wohl jeder.

Bei der Volltrance ist der Mensch tief entspannt und sein logischer Verstand, sein Ego, ist vollständig ausgeschaltet. Nach einer Volltrance ist es ihm nicht möglich, sich an Ereignisse, die währenddessen stattgefunden haben oder was durch ihn gesprochen wurde, zu erinnern. Bei der Teil- oder Halbtrance, ist das Bewusstsein des Mediums, wie der Name schon sagt, noch teilweise vorhanden. Es kann sich an das Gesprochene und an die Empfindungen erinnern.

Die Trance ist der Moment, wo Sie zu dem werden, was Sie seit Beginn Ihrer Seelenwanderung sind. Seele und Geist. Erst auf dieser Ebene kann die geistige Welt auf uns zugreifen, um Heilung aus der Ebene der bedingungslosen Liebe zu senden. Je mehr Sie loslassen können, desto höher die Qualität der Heilung. Bekannte Heiler, wie Joa de Deus, sind stets in Volltrance, wenn sie arbeiten.

Die Trance setzt ein, wenn das Gehirn in den Alphazustand versetzt wird. Er ist der Übergang vom Wach-Sein zum Schlaf und hat eine Frequenz von 13 - 8 Hertz. Der Körper ist tief entspannt, aber das Bewusstsein bleibt noch etwas erhalten. In diesem Zustand ist es möglich, zu den Akasha- Chroniken zu reisen. Noch besser ist es, eine Mischung aus Theta und Alphawellen zu erreichen. Theta bringt die Tiefe der Informationen und Alpha bringt sie dann ins Bewusstsein des Mediums, damit diese auch behalten und ausgesprochen werden können. Neuere Gehirnforschungen zeigen, dass auch Gamma bzw. Hypergammawellen eine mögliche Alternative sind. Diese sind allerdings noch zu wenig erforscht. Wir haben unsere Meditationen so aufgebaut, dass wir mit Hilfe von Frequenzen mehrere Wellenbereiche betreten und es somit dem angehenden Medium erleichtern. So kann jeder Schüler schneller in die geforderten Bewusstseinszustände kommen.

Heilung

Heilung ist nur unendlich, wenn Sie aus einer unendlichen, heilen Dimension voller Liebe stammt.

Amara Yachour

Eine Lesung in den Chroniken ist auch ganz wunderbar geeignet, um Heilung auf verschiedenen Ebenen zu erfahren. Das können natürlich körperliche oder seelische Aspekte sein. Es ist allerdings auch möglich, auf Beziehungsebene zur Heilung zu verhelfen. Und zwar mit dem Partner oder der Partnerin, Freunden, Nachbarn, Arbeitskollegen. Immer dann, wenn unsere Beziehung zu anderen Menschen belastet ist und wir keine Chance sehen, wie wir den Zustand verändern können. Belastungen im Arbeitsleben können ausgeglichen und positiv beeinflusst werden.

Diese Arbeit kann viele Aspekte beinhalten.

Manchmal kann es hilfreich sein, den eigenen Lebensplan zu erkennen. Auch das Wissen um den Seelenplan unterstützt bei der Lebensführung. Manchmal ist es notwendig, die eigenen Gaben und Talente zu entdecken. So kann sich

Harmonie und eine grundsätzliche Zufriedenheit entwickeln.

Hemmnisse, die uns in unserem alltäglichen Leben beeinflussen, können z.B. bestimmte Gelübde oder Versprechen sein. Manchmal haben wir sie schon in früheren Leben abgelegt, sind also karmisch. Das Gleiche gilt für Eide, Verträge und Schwüre. Es kann auch Bindungen geben, die schon in Vorleben entstanden sind und heute nichts mehr mit unserer aktuellen Lebenssituation zu haben, außer, dass diese Bindungen uns in unserem Handeln und Denken beeinflussen ohne, dass wir es bewusst bemerken.

Wir können in den Akasha- Chroniken schauen, ob es dort Hinweise auf solcherlei Dinge gibt. Es ist ja alles darin gespeichert. Man könnte nun auch sagen, „dann weiß man ja auch, wie diese wieder aufgelöst werden können. Und sogar kann man dies für andere Menschen tun."

Hierbei sollte man sehr vorsichtig sein, denn es kann sehr schnell möglich sein, sich karmisch schuldig zu machen. Es ist nicht damit getan, für andere Menschen irgendwelche Versprechen, Gelübde oder ähnliches einfach nur aufzulösen und quasi zu „löschen". Das Karma jedes einzelnen Menschen hat einen Sinn. Es soll dem Menschen bei seiner Entwicklung des Bewusstseins helfen. Es soll helfen, den eigenen Lebens- und Seelenplan zu erfüllen. Dies kann nur der Mensch selbst. Niemand kann das für einen anderen machen. Im Gegenteil. Man nimmt der Person die Chance, sich zu entwickeln, weil sie denkt, mit der Karma-Auflösung ist jetzt alles in Ordnung. Bis sie merkt, dass sich nichts an dem belastendem Lebensthema geändert hat und sie wieder wie am Anfang hilflos dasteht. Wir als Medien helfen Menschen und sagen Ihnen, was in der Chronik wirkt und welches Karma noch aktiv ist. Ein ethisches Medium löst kein Karma auf für den Klienten. Das wäre als würden wir der göttlichen Intelligenz ins Handwerk pfuschen. Menschen lernen durch Erfahrung und daher muss der Mensch das Karma selbst auflösen. Wir dürfen ihm diese Erfahrung nicht verweigern. Wir geben ihm aber Tools an die Hand, wie er das dann selbst machen kann. Damit haben wir massive Erfolge erzielt.

Jemand, der anders arbeitet, häuft massiv eigenes Karma an. Dabei schützt Unwissenheit nicht vor Resonanz.

Das Karma auflösen kann nur, wer an seinen Lebensthemen arbeitet und Stück für Stück und Leben für Leben aktiv daran wirkt.

Natürlich sollte man in diesem Leben auch wenig neues Karma aufbauen. Hierfür ist das

Lesen in den Chroniken durchaus sehr hilfreich. Wir können erfahren, wie und wann wir vielleicht Versprechen gegeben oder Eide abgelegt haben, die immer noch wirken. Wir erkennen genau, welche das sind. Wir wissen dann, mit welchen Menschen das zu tun hatte. Zu welcher Zeit, an welchem Ort und unter welchen Umständen wir diese abgegeben haben. Und nicht zuletzt können wir dann Wege finden, die uns helfen, uns wieder von diesen Versprechen zu verabschieden. Aber dazu müssen wir eben genau wissen, wie diese zustande gekommen sind.

Oft gehören sie gar nicht in unser aktuelles Leben, wirken aber noch. Sie sind hohe energetische Schwingungen, die auch nur durch ebensolche aufgelöst werden können. Sie müssen aus tiefstem Herzen kommen und angefüllt sein mit Liebe und Demut.

Für Auflösungen von dunklen Bindungen kann der Lichtstrom der Akasha visualisiert werden. Er ist die Verbindung zum Göttlichen. Die Lichtsäule, die aus dem Inneren der Erde bis hinauf in die göttlichen Ebenen erwächst. Das Licht, der bedingungslosen Liebe.

Bei der Ausbildung zur Durchführung eines ClearLight©- Prozesses lernt man, wie man mit diesem Lichtstrahl eine Brücke entstehen lässt, über die dann die abzulösenden Bindungen ins göttliche Licht geleitet werden, um sich dort zu transformieren. Da der Klient selbst diesen Prozess durchläuft und nur durch den ClearLight©-Practioner geleitet wird, lädt dieser keine karmische Schuld auf sich. Er ist „nur" Begleiter und Leiter. Die Auflösung nimmt der Klient selbst vor. Meist geschieht dies durch die Erfahrung starker Emotionen und auch körperlichen Empfindungen.

Wenn wir Informationen umschreiben, dann ausschließlich mit Hilfe unseres Klienten, damit das Prinzip der Selbstverantwortung gewahrt bleibt. Nur so gewinnt der Klient an Zuversicht und kann aus der Opferrolle gehen, um in seine persönliche Macht zu kommen. Das wirkt oft sehr nachhaltig.

Astralreisen und luzide Träume

Ein Traum ist unerlässlich, wenn man die Zukunft gestalten will.

Victor Hugo

Höhere Ebenen, wie die Akasha- Chroniken, können auch durch Astralreisen oder luzide Träume besucht werden. Oft passiert das Menschen spontan.

Durch bestimmte Techniken und Prozesse sind wir in der Lage, unseren feinstofflichen Körper von unserem physischen Körper abzutrennen und fortzubewegen. Unser Astralkörper ist das genaue Gegenstück unseres physischen Körpers aber besteht aus feinsten, ätherischen Stoffen. Zwischen beiden Körpern gibt es eine energetische Verbindung, die sogenannte Silberschnur.

Wenn sich unser Astralkörper getrennt hat, können wir Erfahrungen machen, die genauso klar und intensiv sind, wie in unserer „normalen" Welt. Die astrale Welt ist aber ohne Zeit und Raum. Deshalb ist es auch möglich, dass wir dort vielleicht Menschentreffen, die schon verstorben sind. Oder wir können im Bruchteil einer Sekunde an einem tausend Kilometer entferntem Ort sein. Einfach indem wir daran denken. Und diese Orte entspringen nicht einfach unserer Phantasie, sondern sind real existent.

Wir bewegen uns mit unserem Ätherkörper durch feinstoffliche Dimensionen. Es sind die Astralebenen, die wir dort betreten. Sie liegen zwischen der geistigen und der materiellen Ebene. Es gibt hier unzählige geistige Wesen und nicht jedes von ihnen ist dem astralen Besucher wohlgesonnen.

Es hängt auch stark davon ab, mit welcher Erwartung sie eine solche Reise begehen, denn wie wir wissen, formen unsere Gedanken und Erwartungen unsere Realität.

Unbedingt notwendig ist es, dass sie vor Antritt ihrer Reise wieder genau Ihre Intentionen prüfen.

- Warum wollen Sie diese Erfahrung machen?
- Was wollen Sie damit bewirken?
- Wollen Sie dadurch lernen?
- Wollen Sie sich dadurch weiterentwickeln?
- Erhoffen Sie sich damit ein besseres Leben?

Wenn Sie es erst einmal geschafft haben, Ihren Körper zu verlassen, werden Sie wahrscheinlich überwältigt sein von den Eindrücken, die Ihnen entgegen kommen. Es werden sich Ihnen Möglichkeiten eröffnen, an die Sie niemals geglaubt hätten. Deshalb überlegen Sie gut, was Sie damit bezwecken wollen und wie Sie Ihre Erlebnisse zum Wohle aller nutzen können.

Natürlich braucht man auch hier wieder viel Geduld und Übung. Auch wenn einige Menschen sagen, dass wir eigentlich jede Nacht mit unserem Ätherkörper unterwegs sind, ist die willentliche Auslösung einer Astralreise nicht ganz so einfach.

Ich empfehle auch entgegen vieler anderer Meinungen, die im Internet zu finden sind, dass man so eine Reise nicht für sich allein unternehmen sollte, wenn man noch keine Erfahrung damit hat. Vielleicht mögen Sie einen guten Freund oder eine gute Freundin darum bitten, bei Ihnen zu sitzen während Sie reisen. Sie sollten wirklich dafür sorgen, dass sie nicht gestört werden können. Ihr Körper befindet sich dabei in einer tiefen Trance und darf nicht durch plötzliche, laute Geräusche geweckt werden.

Auch ist es immer gut, sich von seinem Geistführer begleiten zu lassen. Er kann währenddessen ein Auge auf uns haben und uns dabei unterstützen, zwischen den positiven und den negativen Aspekten zu unterscheiden.

Wenn sich unser Astralkörper getrennt hat, können wir eine Welt erleben, die genauso klar und intensiv zu erfahren ist, wie unsere „normale" Welt. Wie gesagt ist die astrale Welt aber ohne Zeit und Raum, also ist es auch möglich, vielleicht Menschen zu treffen, die schon verstorben sind. Oder wir können in einem Bruchteil einer Sekunde an einem tausend Kilometer entferntem Ort sein. Einfach, indem wir daran denken.

Einige Menschen sagen, dass luzide Träume nichts anderes sind als Astralreisen. Ich denke, der Unterschied zwischen beiden ist der Realitätsbezug. Bei einer Astralreise ist es möglich, nach der Ablösung im Schlafzimmer zu stehen und sich selbst im Bett liegen zu sehen. Man kann an entfernte Orte reisen, die man noch nie vorher gesehen hat und sie doch anschließend treffend beschreiben.

Bei den luziden Träumen, auch Klarträumen genannt, verhält es sich anders. Wir verlassen unseren Körper nicht. Wir träumen, aber wir wissen, dass wir träumen. Und dieses Wissen ermöglicht es uns, unseren Traum zu beeinflussen. Wir können dann alles darin anstellen, was wir möchten. Es bedeutet die unbegrenzte Freiheit alles zu tun, was man schon immer wollte.

Auch von Klarträumen sagt man, dass viele Menschen sie unwillkürlich im Schlaf haben. Sie können sich aber oft nicht mehr daran erinnern oder sie erkennen sie nicht als solche. Um die Chance auf einen Klartraum zu erhöhen, ist wieder regelmäßiges Üben und Geduld nötig. Es ist eine Sache, so etwas ganz unbewusst zu erleben. Eine ganz andere Sache ist, dafür zu sorgen, dass man es erlebt. Es gibt auch hier viele verschiedene Techniken und Hilfsmittel. Eines davon ist z.B. das Führen eines Traumtagebuchs. Hier sollte jeden Morgen oder auch schon in der Nacht, wenn man zufällig aufwacht, eingetragen werden, was man geträumt hat. Und zwar so detailliert wie möglich. Mit der Zeit verbessert sich so die Erinnerung an die Träume und deren Inhalte. Man kann sich auch ein Symbol überlegen, welches man gedanklich mit in den Schlaf nimmt. Es kann dabei helfen, den Traum als solchen zu erkennen. Sobald man erkannt hat, dass man träumt, ist alles möglich. Vorausgesetzt, wir haben genug Übung, um den Traum stabil zu halten. Auch dafür gibt es wieder verschiedene Techniken.

Eine der einfachsten Techniken wäre, die geistige Welt zu bitten, dass man sich früh am Morgen an den genauen Inhalt dieser Reise erinnert und dass man um die Kraft bittet, eine solche Reise im Ganzen erleben zu dürfen.

Bei all unserer Faszination dürfen wir nicht vergessen, dass unsere Silberschnur, die unsere Seele mit unserem Körper verbindet, nur sehr dünn ist. Wir müssen also für unseren Schutz auf einer solchen Reise sorgen. Denn sollten wir schockartig zurückkommen, weil beispielsweise das Handy klingelt, kann dies dazu führen, dass wir einen großen Schaden davontragen und einen geistigen, seelischen und körperlichen Schock.

Die Seele wirkt durch unseren Geist auf unseren Körper, daher müssen wir auf all diesen Ebenen für völligen Schutz und Ungestörtheit sorgen. Alles andere wäre unverantwortlich. Sollten noch Menschen mit Ihnen in der Wohnung leben, dann weisen Sie diese bitte auf Ihr Vorhaben hin oder Sie bitten jemanden aufzupassen. Schließen Sie nicht die Türe ab, bitten Sie aber auch, jegliche Geräuschquellen zu vermeiden.

Stellen Sie die Türklingel ab, kontrollieren Sie, dass ihr Wecker nicht unerwartet klingelt und ziehen Sie den Stecker von Ihrem Festnetztelefon.

Niemand ist von Anfang an ein Meister in dieser Disziplin. Die ersten Ereignisse werden unerwartet und spontan auftreten, doch unser Gehirn ist lernfähig und mit der Zeit wird unser

Unterbewusstsein zu einem Verbündeten und hilft uns, leichter auf diese Erfahrungsebene zu gelangen.

Das Feld der Liebe und Heilung

Das Feld der Liebe und Heilung

Heilung bedeutet, dass der Mensch erfährt, was ihn trägt, wenn alles andere aufhört, ihn zu tragen.

Wolfram von Eschenbach

Ich weiß, dass die meisten von Ihnen viel mehr Übungen wollen, damit Sie selbst Erfahrungen machen können, doch meine Erfahrung als Lehrer zeigt, dass dies oft nicht gut ist.

Die Sinne sind oft nicht ausreichend entwickelt und die Information kommt immer gefiltert durch die eigene Psyche an. Wenn jemand nicht viel Wissen in diesem Bereich hat, kann die Absolutheit dieser Information auch Angst machen und das erste Mal im Leben eine Präsenz eines geistigen Wesens am eigenen Körper zu spüren, versetzt manche Menschen in Angst und Schrecken.

Natürlich hat dies auch eine Faszination, der sich niemand entziehen kann. Wir alle sind auf der Suche nach Wissen und wir probieren ständig neue Dinge aus. Jede Woche erscheint eine neue Heilmethode auf dem Markt der Spiritualität. All diese Heilmethoden sind gut und richtig, doch die meisten sind von Menschen erfunden und diese sind bereits in sich limitiert. So wie Sie und ich durch unsere Glaubensmuster und Überzeugungen limitiert sind.

Sie alle tragen Wahrheit in sich, aber meistens nur einen Aspekt des Ganzen oder sie heilen auf einer Ebene und lassen andere Ebenen wie die Zellerinnerung, die emotionale Ebene, das Unterbewusstsein oder den Verstand außer Acht.

Heilung kann nur aus dem göttlichen Feld kommen. Aus einer Dimension jenseits von Zeit und Raum. Wenn wir in unserem vierdimensionalen Raum heilen, ist die Heilung immer der Zeit unterworfen und daher ist jede Heilung endlich, die in unserer Welt initiiert wird.

Wenn es anders wäre, würden wir eine einzige Heilsitzung aufsuchen, in der alle Ebenen des Menschen geheilt werden und diese Heilung würde dauerhaft anhalten. Dass dem nicht so ist, zeigen die Resultate unserer Medizin, eingeschlossen die Ergebnisse der meisten spirituellen Heiler.

Natürlich gibt es Ausnahmeheiler wie Joao de Deus. Doch hier wirkt die geistige Welt. Ich studiere seit Jahren das Feld der Heilung und mir ist vieles klar geworden, warum manchmal Heilung passiert und bei gleicher Krankheit ein anderer Mensch stirbt.

Zum Einen ist dies in unseren Überzeugungen verankert. Wenn wir an Heilung glauben, dann reicht eine Sekunde aus und wir erfahren eine Spontanremission. Ärzte sprechen hier oft von einem Placebo-Effekt. Natürlich ist dieser da, das haben wissenschaftliche Untersuchungen seit Jahrzehnten immer und immer wieder bewiesen. Der Placebo-Faktor wächst ständig, das ist in der Forschung sehr gut bekannt. Aus diesem Grunde gibt es viele Medikamente, die nicht mehr wirken, beispielsweise Antibiotika. Wir müssen uns aber vor Augen führen, dass dennoch die Nebenwirkungen greifen. Bei einer Medikamentenzulassung muss das Medikament deutlich über den Placebo-Effekt hinauskommen. Goldstandard ist die randomisierte, kontrollierte Doppelblindstudie. Genau diese wird aber oft unterlaufen oder bewusst falsche Probanden gewählt, um die Unwirksamkeit des Mittels zu vertuschen. Dabei gilt inoffiziell ein Faktor von 30.

Das heißt, wenn das Medikament 33% der Teilnehmer heilt und das Placebo nur 30%, dann wird es zugelassen. Mediziner und Forscher glauben aber bereits längst, dass die Placebo-Schwelle bei über 50% angesetzt werden sollte, was neueste Untersuchungen auch zeigen. In Untersuchungen führten die Abgabe von Scheinmedikamenten und die Durchführung von Scheinoperationen zur Heilung von 76% aller Beteiligten. Ein Placebo hat allerdings keine Nebenwirkungen.

Was dies bedeutet ist klar. Hier wirkt nicht die Materie, sondern der Geist des Menschen und genau da finden wir das heilende Potenzial von Akasha.

Wir müssen das Wirken energetischer Felder betrachten. Eines der größten Felder, ist das Feld des kollektiven Bewusstseins aller Menschen. Wenn die meisten Menschen glauben, dass Krebs unheilbar ist, dann wirken hier Millionen von Energien ihrem eigenen Glauben entgegen und die Frage ist: Sind sie stark genug diesem Druck zu widerstehen?

Denken Sie nur an folgende kollektiven Glaubenssätze:

- Aids ist unheilbar.
- Diabetes I ist unheilbar.
- MS ist unheilbar.
- Wir alle müssen sterben.
- Jede zweite Frau bekommt Brustkrebs.
- Cholesterin verursacht Arteriosklerose.

Die Liste, die ich aufzählen könnte, ist endlos und Sie alle kennen diese Glaubenssätze, aber sind sie wirklich wahr? Wenn Sie beginnen, sich als Medium in andere Felder einzuklinken, die andere Grundwahrheiten haben, wie:

- Liebe
- Respekt
- Achtsamkeit
- Wertschätzung
- Heilung

dann stellen Sie schnell fest, dass diese alten Paradigmen des Leids völlig überholt sind und bestenfalls eine Täuschung unseres Bewusstseins darstellen. Ich will jetzt nicht wieder die Pharmakonzerne, Monsanto und andere böse Buben dafür verantwortlich machen. Es gehören in unserer dualen Welt immer Zwei dazu. Einer, der das Spiel beginnt und einer, der das Spiel mitspielt.

Die Frage lautet daher eher: Wie viel von diesem Spiel sind Sie noch bereit mitzuspielen? Um es mit dem Spiel Monopoly auszudrücken: Wollen Sie über Los gehen und 4000 Euro einziehen oder wollen Sie über Los gehen und direkt ins Gefängnis marschieren, denn das ist worauf alles abzielt. Man will die Menschen in ein geistiges Gefängnis stecken und die Mauern sind aus dem solidesten Stoff aller Zeiten gebaut. Der Superkleber heißt *ANGST*.

Vielleicht verstehen Sie erst jetzt richtig, was ich in vorhergehenden Kapiteln gemeint habe. Es ist ganz einfach aus diesem Gefängnis herauszutreten. Johann Wolfgang von Goethe war ein großer Eingeweihter, Wissender und Magier und er hat folgenden Ausspruch geprägt:

Erfolg hat drei Buchstaben: TUN

Johann Wolfgang von Goethe

Die Verantwortung ist also Ihre. Im ersten Moment hört sich das nach einer schlechten Nachricht an, doch in Wirklichkeit ist dies die Befreiung aus allen krankmachenden Szenarien. Übernehmen Sie die Verantwortung für Ihr Leben und stellen Sie nacheinander alles ab, was sie krank macht. Teilen Sie Anderen Ihre Bedürfnisse mit. Das dürfen Sie. Sie sind ein Mensch und haben ein Recht darauf, Ihre Grundbedürfnisse befriedigt zu bekommen. Geben Sie dieses Recht nicht an den Staat ab und warten Sie nicht auf andere windige Institutionen, die nur den eigenen Profit und nicht Ihr Wohl im Sinn haben. Institutionen die Sie bestrafen, sind keine Hilfe. Dazu kommt die mangelnde Empathie bei Medizinern, die Ihnen eine Prognose stellen: Wenn Sie diese Therapie nicht machen, werden Sie sterben!" Der gleiche Mediziner wird Ihnen noch nicht einmal mehr als eine 5%ige Überlebensrate garantieren und schon gar nicht schriftlich. Bedanken Sie sich und suchen Sie sich einen Arzt, der Ihr Leben wertschätzt und nicht die Therapie. Wenn Sie Angst haben, fallen Sie auf die Ebene des Kollektivs zurück.

Ich habe so viel Angst in meinem Leben gehabt, dass ich für alle Leben davon genug habe. Wer meine Geschichte kennt, die ich in „Stimmen des Himmels" aufgeschrieben habe, weiß, dass dies nicht einfach nur dahergeredet ist. Ich habe alles verloren und ich habe auch noch immer nicht alles in meinem Leben in den Zustand der Freiheit gebracht, aber ich kenne den Weg dahin und meine Arbeit als Medium hat mich frei gemacht. Der Rest ist dann nur noch eine Frage der Zeit.

Aber was kann die Akasha Chronik nun für uns in diesem Bereich tun? Wie können wir dieses Informationsfeld nutzen, um wirkliche Heilung zu vollziehen.

Ein Medium ist durchaus in der Lage ohne Vorabinformation eine Diagnose zu stellen. Leider ist uns dies verboten. Ich durfte eine Zeitlang in einer Praxis Diagnosen stellen, die ich dem Arzt mitteilte. Die Trefferquote liegt bei über 90% und kann sich so anhören:

Der Patient mit dem Namen Hans Muster, geboren am 13.04.1966 zeigt folgende energetische Strukturen auf:

- Schleudertrauma im HWS-Bereich
- LWS verdichtet und abgenützt durch regelmäßige falsche Bewegungsabläufe am Arbeitsplatz.
- Unverträglichkeiten: Weizen und Südfrüchte
- Leichte chronische Darmentzündung
- Fehlende Besiedelung des Darms durch positive Bakterien
- Erlittenes Trauma (Verlust eines Menschen) in der Jugendzeit
- Schimmelpilze und Asthmagefahr
- Mangel an Lichtabsorption (D3)
- Depressive Verstimmungen
- Kristalline Strukturen in den Gelenken (Übersäuerung) - Verdacht auf rheumatoide Arthritis

- In der Ahnengeschichte sind nicht aufgelöste Ängste aus Fluchtsituationen
- Unfähigkeit eigene Bedürfnisse auszudrücken
- Narbe im Beckenbereich (Entstörung)
- Erschöpfung der Nebennierenrinde
- System ist erschöpft und energielos
- Rechter Fuß in der Kindheit gebrochen
- Meridianbahnen sind blockiert
- Traumatisches Erlebnis in den letzten 5 Jahren.
- Schwaches Vaterbild. Vater energielos und in Suchtstrukturen gefangen. Mutter hält an Abhängigkeit fest am Vater mit steigendem Angstpotenzial.

So könnte eine solche Diagnose aussehen. Das ist nur ein Beispiel und es kann viel genauer werden. Aber solche Diagnosen können bereits Anfänger lesen. Je länger Sie in der Akasha lesen, desto mehr entwickeln Sie sich. Stellen Sie sich vor, ein Arzt würde all diese Parameter erfassen können, ohne dass Sie ihm irgendetwas erzählen? Wie erstaunt wären Sie? Wie viel Vertrauen in seine Heilung hätten Sie? Ihr Placebo-Effekt würde ins Unermessliche steigen. Wichtig ist natürlich der Hinweis darauf, dass das Lesen in der Akasha-Chronik den Besuch bei einem Arzt oder Therapeuten nicht ersetzt.

In Amerika gibt es Medical Intuitives, die nur aus diesem Teilbereich der Akasha lesen. Edgar Cayce hat sich drauf spezialisiert, die Information zur Heilung der Krankheit eines Patienten in der Trance zu bekommen. All dies war bereits vor mehr als 60 Jahren möglich und das ist es immer noch, doch es braucht ein Training und ein Feedback und den festen Glauben, dass es keine Limitierungen gibt. Nur durch Erfahrung und Feedback entstehen neue Routinen in unserem Gehirn. Dabei ist das Gefühl unser größter Verbündeter. Wenn Sie ein positives Feedback erhalten, dann werden freudige biochemische Moleküle wie Serotonin in Ihren Kreislauf ausgeschüttet. Ihr Körper will mehr davon und dann macht es Spaß zu üben und mit jedem Üben verfestigen sich diese Routinen. Neue Datenautobahnen entstehen.

Und das Beste ist, wenn Sie mehrere Feedbacks erhalten haben, dann glauben Sie auch, dass Sie das können und Sie beginnen, anders zu handeln und bewegen sich langsam und sicher aus den Limitierungen heraus. Seit mehr als fünfzehn Jahren haben mein Mann und ich uns eine Informationsdiät des Kollektivs verordnet.

Kein Fernsehen, keine Tageszeitungen, keine Propagandaversammlungen, die von irgendwelchen Lobbys gesponsert sind und damit klar auf einseitige Berichterklärung abzielen. Keine Menschen mehr in unserem Leben, die uns nicht wertschätzen oder sich freuen, wenn wir etwas erreichen. Das hat uns oftmals nicht nur Freunde gemacht, aber unser Leben hat sich um viele Parameter verbessert.

Als Akasha- Chronik- Medium müssen Sie das kollektive Bewusstsein verlassen, um göttliche Informationen zu bekommen. Glauben Sie und richten Sie sich auf das Höchste aus. Auf Gott und seine bedingungslose Liebe für jedes Wesen der Schöpfung.

Ob Sie sich nun auf einen Teilbereich spezialisieren wollen oder den Zugang zu allen Ebenen anstreben. Am Anfang steht die Entscheidung über sich selbst herauszuwachsen und sich aus dem Mangel zu erheben.

Glauben Sie an Wunder und Sie werden jeden Tag mehr und mehr Wunder erleben. Wenn Sie den Duden fragen, was er von Wundern hält, dann lautet die Definition:

1. Ein Ereignis, das man nicht für möglich gehalten hat.

"Wie durch ein Wunder stand sie plötzlich vor uns."

2. Ein Ereignis, das durch göttliche oder übernatürliche Kräfte herbeigeführt worden ist.

Sind Sie nun bereit für ein Leben voller Möglichkeiten? Und sind Sie nun bereit, sich dem Übernatürlichen zu öffnen und dem Göttlichen?

Es ist nur eine Frage der Entscheidung. Ihrer Entscheidung.

Wandern Sie aus. Damit meine ich nicht, dass sie in Zukunft irgendwo in Südamerika auf einer Finca ihr Dasein fristen. Das ist auch Weglaufen. Jeder kann an dem Ort, an den er gestellt wurde, seine Freiheit erreichen. Wandern Sie geistig aus.

Sagen Sie sich:

„Das Kollektiv kann machen was es will. Ich gehe meinen eigenen Weg. Den Weg der Freude und Heilung und wenn ich dann doch einmal falsch abbiege, dann nehme ich eben die nächstmögliche Ausfahrt und suche einen anderen möglichen Weg oder ich erschaffe mir einen. Meine Möglichkeiten sind so grenzenlos wie

mein Geist und wenn mein Geist stark genug ist, wird die Materie folgen.

Ich erkenne die Illusion und Täuschung der Angst und nehme an nichts mehr teil, was mir Angst machen will oder versucht meine Angst zu benutzen, um in mir ein Bild des Mangels zu erzeugen. Ich bin frei zu sein, was immer ich bin. Dabei darf ich mich ständig neu erfinden und das Leben antwortet mir mit unglaublicher Fülle. Ich bin Fülle. Mein Antrieb sind Liebe und Verbundenheit und meine Ausrichtung erfolgt auf das Höchste. Damit bringe ich Herz und Hirn in Kohärenz und meine Manifestationen sind liebevoll und göttlich."

Dieses Mantra könnten Sie sich täglich aufsagen, aber natürlich auch individuell abändern. Das Lesen in der Chronik hilft uns, damit wir uns von allen Verstrickungen, Limitierungen, Traumata und Blockaden unserer ganzen Vergangenheit und unserer Ahnenvergangenheit befreien. Wir leben leider immer noch die Energien, die unsere Ahnen begonnen haben. Denken Sie an Einsteins Worte: Energie geht nicht verloren.

Wenn Sie sich für die Akasha Chronik interessieren, besteht eine große Wahrscheinlichkeit, dass genau Sie in der Lage sind, dies alles aufzulösen. Sonst würde diese Faszination und Resonanz für die Akasha Chronik erst gar nicht bestehen.

Nutzen Sie die Macht ihres Geistes. Er ist Ihr wahrer Verbündeter auf Ihrem Lebens- und Seelenweg und lernen Sie. Aufgestiegene Meister haben viele Inkarnationen gebraucht, um Ihr Wissen zu erwerben. Auch wir können nicht durch schnelle esoterische Einweihungen etwas erhalten, was nur durch Erfahrung wachsen kann. Theorie ist ein Konstrukt, Erfahrung macht es lebendig und verinnerlicht es. Wir haben jeden Tag die Möglichkeit unsere Erfahrungen neu zu wählen und damit an unserem Inneren zu arbeiten.

Entwicklung und Evolution beginnen immer in unserem Inneren und emanieren dann nach Außen und erschaffen so unsere Wirklichkeit. Und all das startet mit einem Gedanken.

Die Arbeit in der Akasha Chronik kann eins der größten Diagnosetools unserer Zeit werden, wenn wir uns spirituell, geistig und mit vollem Herzen darauf einlassen.

Willkommen im Feld der Liebe und Heilung.

An dieser Stelle sage ich *danke* für Ihre Aufmerksamkeit und Ihre Disziplin. Wenn Sie dieses Buch durchgelesen haben, dann haben Sie auch das Potenzial, sich zu verändern. Disziplin ist ein Schlüssel zum Erfolg.

Die Welt wartet auf Sie. Werden Sie zum Schöpfer und leben Sie Ihre Freiheit und Freude jeden Tag Ihres Lebens.

Das wünsche ich Ihnen von ganzem Herzen!

Danksagung

Danksagung

Leider lässt sich eine wahrhafte Dankbarkeit mit Worten nicht ausdrücken.

Johann Wolfgang von Goethe

An dieser Stelle bedanke ich mich bei Gott für meine Schöpfung und alle Erfahrungen und Widerstände, denen ich in meinem Leben begegnen durfte und ganz besonders danke ich für die Geduld und Langmut mit mir. Ich glaube, ich klingele alle zwei Minuten mit einer neuen Frage in der geistigen Welt an, aber je mehr ich frage, desto mehr Türen gehen auf. Ich bedanke mich für alle Talente und Gaben, die ich entwickeln durfte und die unglaublichen Inspirationen aus der geistigen Ebene, die ich täglich erfahre. Danke für die Hilfe, die mir ständig aus der geistigen Welt gegeben wird. Euer 24h Support ist unbeschreiblich.

Das Leben ist sehr bunt geworden. Danke für dieses Leben.

Und natürlich bedanke ich mich bei allen Menschen, denen ich begegnen durfte. Jede dieser Begegnungen hat mich bereichert und ich lerne jeden Tag von meinen Klienten und Schülern. Meine größte Freude ist es, wenn Menschen sich entwickeln. Niemand darf abhängig von einem Lehrer werden. Ihr seid alle großartig.

Als dieses Buch kurz vor der Veröffentlichung stand, verstarb ein wunderbarer Freund und Koch unseres Seminarhauses. Plötzlich und unerwartet. Lieber Jochen, danke, das wir dir begegnen durften. Deine Gradlinigkeit und Ehrlichkeit haben wir sehr geschätzt. Wir werden Dich nie vergessen.

Ich bedanke mich ganz besonders herzlich bei Ingolf Palarz und Sonja Bigus für die Arbeit und den Input bei diesem Buch. Danke, dass Ihr jede Woche mit uns im Séanceraum sitzt, um die Erde kopfstehen zu lassen.

Ich bedanke mich bei meiner Familie, die mich unterstützt und zu mir steht. Ich liebe Euch.

Nicht zuletzt bedanke ich mich bei meinem Mann Marko, der mir den Rücken frei hält, wann immer er kann. Danke für die liebevolle Verbundenheit und deine Liebe. Dich hat, im wahrsten Sinne des Wortes, der Himmel geschickt.

Amara Yachour

ist 1964 im Zeichen des Steinbocks geboren. Sie hat vier Töchter und zwei Enkelkindern und lebt mit Ihrem Mann Marko Yachour seit 2014 in Schleswig-Holstein.

In Ihrem Seminarhaus finden Ausbildungen statt, die Menschen transformieren, das Bewusstsein erweitern und für das Leben begeistern. Dabei stehen immer der Mensch und Wachstum im Vordergrund.

Sie ist Autorin, Speaker, Coach, Medium und Medical Intuitive. Ihr Lebensmotto heißt: „Geht nicht? Gibt's nicht!"

All ihre Ausbildungen aufzuzählen, würde jeden Rahmen sprengen. Sechs Jahre schamanische Ausbildung, über 30 Wochen Ausbildungen in England an renommierten Schulen zum Medium. Amara studierte die meisten spirituellen Heilmethoden und gibt seit mehr als 15 Jahren Ausbildungen, Workshops, Webinare und Retreats.

Ihre Homepages sind:

www.body-soul-centrum.de

www.mediumausbildung.de

www.lenormand-kartenlegen.com

Kontakt aufnehmen können Sie unter der folgenden Mailadresse: amara@email.de

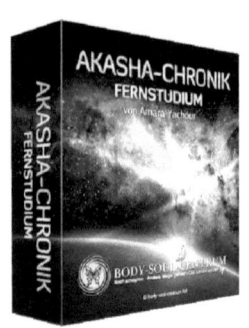

Die

Akasha-Chronik

von Amara Yachour

Fernstudium in 8 Lektionen

Es ist der Traum vieler Menschen in der Akasha-Chronik zu lesen und doch bleibt es bei vielen oft nur eine Annäherung. Wir haben drei Jahre an diesem Fernstudium geschrieben und aus unseren Akasha-Ausbildungen die besten Übungen zusammengestellt um Ihnen hier ein einzigartiges Trainings- und Ausbildungsprogramm zum Akasha-Medium zu präsentieren. Das umfangreichste Studium, dass es zur Zeit gibt inklusive Schriftmaterial, Videos und Audiodateien mit geführten Übungen und Meditationen. Viele unserer Schüler arbeiten hier bereits sehr erfolgreich

- Beginn jederzeit möglich
- Bequem von zuhause aus
- Über **480 Seiten** Material
- 20 Videos
- 25 Audio-Dateien

Mehr darüber unter:

www.mediumausbildung.de

Das Akasha- Chronik Live-Seminar

Lernen Sie unter Anleitung eines erfahrenen Teams in vier Tagen die Chronik zu lesen, in mehreren Städten Deutschlands. Jeder Tag entspricht einem Modul.

Sie werden innerhalb dieser vier Tage lernen, warum diese Informationen wichtig sind und wofür Sie sie verwenden können. Wir helfen Ihnen, wieder Ihren eigenen Zugang zu dieser Akasha zu erhalten, um somit Ihre eigenen Informationen lesen zu können. Anhand von praktischen Übungen erlangen Sie eine große Sicherheit im Umgang mit diesem heiligen Wissen. Um diese Ausbildung in Ihre Beratungstätigkeiten einbauen zu können, werden wir Ihnen außerdem zeigen, wie Sie einen Zugang zur Akasha Chronik für Ihre Klienten herstellen können und damit auch für andere Menschen Informationen zu erhalten.

Mehr darüber unter

www.mediumausbildung.de

Modul I: Level „Akasha-Chronik und das menschliche Bewusst sein"

Modul II: Level „Akasha – Chronik und das Auffinden und Lösen von Blockaden"

Modul III: Level: „ Akasha-Chronik und Heilung"

Modul IV: Level „ Akasha-Chronik und das göttliche Bewusstsein"

Bild von Fotolia: ancientbook © okalinichenko

Mediales Fernstudium – Jenseitskontakte

Wir bieten Ihnen ein umfangreiches Fernstudium über die Ausbildung zu einem Medium und über die Erweckung medialer Fähigkeiten, das seinesgleichen sucht und so weltweit nicht angeboten wird. Es ist das Ergebnis eines unserer ehrgeizigsten Projekte, denn wir nehmen diese Aufgabe sehr ernst. Über zwei Jahre haben wir an diesem Projekt gearbeitet und unzählige Stunden Arbeit und unsere ganze Erfahrung ist in diesen Kurs mit eingeflossen.

- *Beginn jederzeit möglich*
- *Bequem von zuhause aus*
- *Absolut umfangreich*
- *Über 620 Seiten Material in PDF*
- *Über 450 Audio Minuten in MP3*
- *Über 560 Video Minuten*

Mehr Informationen finden Sie auf unserer Homepage:

www.mediumausbildung.de

Quellnachweis

Was sind die Akasha- Chroniken

http://www.muellerscience.com/ESOTERIK/Geschichte/Akasha.htm

Wortdefinition und Bedeutung

http://de.wikipedia.org/wiki/Akasha-Chronik

http://de.wikipedia.org/wiki/Rupert_Sheldrake

http://www.sheldrake.org

Akasha und das Bewusstsein des Menschen

http://de.wikipedia.org/wiki/Nervenzelle#Die_Synapse

Die menschliche Akasha

http://erst-kontakt.blog.de/2013/10/08/botschaft-kryon-schwer-fassbare-akasha-lee-carroll-16513075/

Die Frequenz Gottes- Rückkoppelung an die bedingungslose Liebe

http://de.wikipedia.org/wiki/Taj_Mahal

http://www.kein-blatt-vor-dem-mund.de/die-solfeggio-frequenzen-koerper-und-geist-mit-schwingungen-heilen/

Die Palmblatt- Bibliotheken

http://www.palmblattbibliothek.info/index.php/das-raetsel-der-palmblattbibliotheken.html

http://www.visionen.com/Rubriken/Lebensgestaltung/Phaenomen_PALMBLATTBIBLIOTHEKEN

Berühmte Akasha- Medien

http://de.wikipedia.org/wiki/Aus_der_Akasha-Chronik

http://www.die-dunkle-dimension.de/i-mathge.htm

http://cayce-portal.de/edgar-cayce-gabe-2/

Die hermetischen Gesetze

http://de.wikipedia.org/wiki/Hermes_Trismegistos

http://de.wikipedia.org/wiki/Kybalion

Die DNA und die Noetik

http://www.gf-freiburg.de/index.php?option=com_content&view=article&id=623:die-geschichte-der-menschheit&catid=43:kryon-channelling&Itemid=88

http://www.spiru.de/new-energy/kryon/Kryon_DNS-Namen.pdf

Kirchhoff: Die Anderswelt, Kapitel 5

http://www.ruedigersuenner.de/kirchhoff9.html

http://de.scribd.com/doc/244919631/PM-2010-03#scribd

Die aufgestiegenen Meister und die 12 Lichtaspekte

http://de.wikipedia.org/wiki/Graf_von_Saint_Germain

http://www.zeit.de/2010/32/Saint-Germain

https://www.wirkendekraft.at/Wissen/Energiearbeit/Wesenheiten/Aufgestiegene_Meister/Die_12_goettlichen_Strahlen/

Lemurien und Atlantis

http://www.gffreiburg.de/index.php?option=com_content&view=article&id=623:die-geschichte-der-menschheit&catid=43:kryon-channelling&Itemid=88

Reinkarnation

http://de.wikipedia.org/wiki/Reinkarnation

Das Karma

http://de.wikipedia.org/wiki/Karma

Heilige Geometrie

http://blume-des-lebens-werke.de/Darstellungen_aus_aller_Welt

http://de.wikipedia.org/wiki/Goldener_Schnitt

https://www.sein.de/heilige-geometrie-und-die-blume-des-lebens-die-physikalische-grundlage-der-schoepfung/

Mantras

http://de.wikipedia.org/wiki/Mantra

Meditation

http://de.wikipedia.org/wiki/Meditation

http://www.allmystery.de/artikel/meditation_geschichte.shtml

Trance

http://cayce-portal.de/

http://de.wikipedia.org/wiki/Edgar_Cayce

http://de.wikipedia.org/wiki/Trance

http://www.hypnose-nuernberg.de/printable/allesueberhypnose/hypnose/stadienderhypnose/index.php